Wilhelm Spatz

Die Schlacht von Hastings

Wilhelm Spatz

Die Schlacht von Hastings

ISBN/EAN: 9783743317116

Hergestellt in Europa, USA, Kanada, Australien, Japan

Cover: Foto ©ninafisch / pixelio.de

Manufactured and distributed by brebook publishing software
(www.brebook.com)

Wilhelm Spatz

Die Schlacht von Hastings

DIE SCHLACHT

VON

HASTINGS

VON

WILHELM SPATZ

DR. PHIL.

BERLIN 1896

VERLAG VON E. EBERING.

HERRN Dr. HANS DELBRÜCK

PROFESSOR DER GESCHICHTE AN DER BERLINER UNIVERSITAT

IN DANKBARKEIT UND VEREHRUNG

GEWIDMET.

Inhaltsverzeichnis.

		Seite
I.	Historische Einleitung.	1
II.	Uebersicht über die Quellen.	7
III.	Bewegungen beider Heere unmittelbar vor der Schlacht	21
IV.	Zusammensetzung. Bewaffnung und Stärke	
	a) des normannischen Heeres	26
	b) des englischen Heeres.	30
V.	Taktik beider Heere.	34
VI.	Stellung der Engländer.	39
VII.	Angriffsordnung der Normannen	47
VIII.	Die eigentliche Schlacht.	49
IX.	Schlusswort.	66

I.
Historische Einleitung.

—

Die Schlacht von Hastings ist in neuerer Zeit ein Gegenstand heftigster Kontroversen zwischen englischen Geschichtsforschern geworden. In der Hauptsache handelt es sich darum, ob die eingehende Schilderung, welche Edward Augustus Freeman im dritten Bande seines Werkes über „the Norman Conquest" von der Schlacht giebt, beizubehalten oder zu verwerfen ist. Der Vertreter des letzteren Standpunktes ist H. Round: gegen ihn hat sich zur Verteidigung Freemans T. A. Archer erhoben. — In der vorliegenden Arbeit werden abgesehen von einigen Punkten, in denen zwischen Freeman und Archer vermittelt werden soll, bezüglich der Hauptmomente der Schlacht neue Anschauungen zur Sprache gebracht werden. Diese verdankt der Verfasser vornehmlich der persönlichen Anregung sowie den Schriften seines hochverehrten Lehrers, des Herrn Professor Dr. Delbrück von der Berliner Universität.

Um zu einem eingehenden Verständnis der Schlacht von Hastings zu gelangen, werden wir zuvor einen kurzen Blick auf die politische Entwicklung der Angelsachsen und der Normannen in den Jahrzehnten, welche unserer Schlacht unmittelbar voraufgehen, werfen müssen.

Im Jahre 1042 starb das Haus der dänischen Könige von England aus. Dänische und angelsächsische Grosse riefen gemeinsam den letzten Spross aus dem alten angelsächsischen Königsgeschlechte auf den Thron. So wurde

abstehen. Unmittelbaren Einfluss auf den König gewann
Godwin dann auch noch dadurch, dass er seine Tochter
mit ihm vermählte. So war zuletzt nicht Edward,
sondern der Eorl von Wessex der eigentliche Regent des
Landes. Godwin starb im Jahre 1052. Ungeschmälert
ging sein Einfluss auf seinen ältesten Sohn, den ritterlichen,
kriegserfahrenen Harold, über. Edward der Bekenner war
ohne Leibeserben. Ausser ihm war nur noch ein Glied
des angelsächsischen Königshauses, ein junger, unmündiger
Knabe, am Leben. Was war natürlicher, als dass sich Aller
Blicke auf Harold als den zukünftigen Erben des Thrones
richteten? Eine Zeit lang schien es, als ob ihm in seinem
jüngeren Bruder Tostig, dem Eorl von Northumberland, ein
gefährlicher Nebenbuhler erstehen könnte. Doch Tostig,
ein roher, zu Gewaltthätigkeiten neigender Mann, wurde
durch Aufruhr seiner eigenen Unterthanen zur Flucht aus
England gezwungen. Harold gewann sich die Freundschaft
des Eorls von Mercia. Eadwin. dadurch, dass er dessen
Bruder Morkere als den Nachfolger Tostigs in Northumberland anerkannte. So erhob sich nirgends im Lande Wider-
spruch, als sogleich nach dem Tode des Bekenners zu Beginn
des Jahres 1066 Harold von den Grossen und Bischöfen.
die soeben noch das Bett des sterbenden Herrschers um-
standen hatten, zum König ausgerufen wurde. Die grosse
Frage war nun, ob das englische Volk soviel Nationalgefühl
und inneren Zusammenhang, soviel kriegerische Tüchtigkeit
und Ausdauer besitzen würde, um wie ein Mann für seinen
nationalen König einzustehen gegenüber den Ansprüchen,
welche ein fremder Fürst sich anschickte, auf die englische
Krone geltend zu machen. Dieser Fürst war Wilhelm, der
Herzog der Normannen. Nach dem Tode seines Vaters,
des Herzogs Robert, war er im Jahre 1035 erst siebenjährig
zur Regierung gekommen. „Wehe dem Lande, dessen
König ein Kind ist," dieses Wort findet seine Anwendung
auch auf die Normandie. Der Tod Roberts war für die

1*

trotzigen, fehdelustigen normannischen Barone das Signal
zur Empörung; sie bestritten dem jungen Wilhelm das
Recht auf den Thron, sei doch seine Mutter, eine Gerbers-
tochter, nicht rechtmässig mit seinem Vater vermählt
gewesen. Doch kaum war der junge Herzog zu Jahren gekommen, da zwang er mit der unerbittlichen, eisernen Energie,
welche sein ganzes ferneres Leben kennzeichnen sollte, die
Grossen seines Landes zum Gehorsam und besiegte in
offener Feldschlacht seinen Lehnsherrn. den König von
Frankreich, der sich mit ihnen in ein Bündnis eingelassen
hatte. — Doch damit war des jungen Fürsten kriegerische
Laufbahn noch nicht abgeschlossen. Weit umfassende Er-
oberungspläne hegte er. Von den Dünen seines Landes
konnte man bei klarem Wetter die Küsten Englands erblicken. Die reiche Insel schien, wie zu der Beute der
normannischen Herzöge geschaffen, vor ihnen zu liegen.
Schon Wilhelms Vater plante eine bewaffnete Invasion
Englands. Doch da eine Flotte, welche er zu diesem Zwecke
bereits gesammelt hatte, Schiffbruch erlitt, musste er vor
der Hand von seinem Unternehmen abstehen. So war Wilhelm der Gedanke. England dem normannischen Reiche ein-
zuverleiben, gleichsam als eine Erbschaft von seinem Vater
hinterlassen worden. Und bewundern müssen wir die um-
sichtige Klugheit, mit welcher er einen Schritt nach dem
andern vorwärts that zur Erreichung dieses seines Zieles. —
Bei einem Besuche, den er Edward dem Bekenner während
einer zeitweiligen Verbannung Godwins aus England ab-
stattete, erreichte er es, dass der König ihn als seinen
Blutsverwandten zur Nachfolge auf dem englischen Throne
designierte. Und das Glück war Wilhelm auch noch weiter
hold. Harold. Godwins Sohn. wurde im Jahre 1054 bei
einer Meerfahrt im Kanal an die Küsten Frankreichs ver-
schlagen. Er geriet in die Gewalt Wilhelms. und dieser
nahm ihm den Eid als Lehnsmann ab. Harold musste sich
ferner dazu verpflichten, bei dem Tode Edwards das König-

reich England für Wilhelm zu bewahren, wofür ihn dieser in allen seinen Besitztümern anzuerkennen versprach. So hatte sich Wilhelm gewisse rechtliche Ansprüche auf die englische Krone erworben. — Die Jahre bis zum Tode Edwards füllte er fast ausschliesslich mit Kriegszügen aus. Wieder und wieder musste er Revolten seiner Barone niederschlagen, die sich nicht der harten Zucht seiner Regierung fügen wollten. — Durch Eroberungszüge erweiterte er die Grenzen seines Landes nach dem Süden und Südwesten. Maine und die Bretagne mussten sich seiner Herrschaft unterwerfen. — So kam das Jahr 1066 heran. Im Januar erhielt Wilhelm in seiner Hauptstadt Rouen die Nachricht von dem Tode Edwards und der Wahl Harolds. Unverzüglich legte er, gestützt auf die oben erwähnten Rechtsansprüche, einen feierlichen Protest ein gegen die Gültigkeit der Erhebung Harolds auf den Thron. Für sich selbst nahm er das Recht in Anspruch, sich zur Wahl zum englischen König zu stellen. Sofort begann er Vorbereitungen zu treffen, um seine Ansprüche mit Waffengewalt durchzusetzen.

Harolds Wahl war von dem Erzbischofe Stigand, dem Anhänger des durch die römischen Barone in alter tumultuarischer Weise erhobenen Papstes Benedikt IX. die kirchliche Weihe gegeben worden. Wilhelms erste That war nun, getreu den Traditionen seines Volkes, sich mit dem Papst Alexander II., der in rechtmässiger Weise von den Kardinälen erwählt war, in Verbindung zu setzen. Auf den Rat des Archidiakon Hildebrand, des späteren Gregors VII., sprach Alexander eine ausdrückliche Billigung des Zuges aus, den seine treuesten Diener, die Normannen, gegen die Anhänger des schismatischen Papstes zu unternehmen im Begriff standen. Ja, er schickte dem Normannenherzoge ein geweihtes Banner, zum sichtbaren Zeichen für alle Völker der Christenheit, dass sein Unternehmen unter dem Schutze des hl. Petrus stände. In der Normandie machte

das einen ungeheuren Eindruck.' Das Widerstreben, welches
bis dahin noch manche normannischen Grossen den Plänen
ihres Herrn gegenüber gehegt hatten, verschwand. Eifrig
und mit Freude wurden jetzt überall die Kriegsrüstungen
betrieben. — Im Rücken war Wilhelm durchaus gegen jeden
Angriff gesichert, denn in Frankreich führte sein eigener
Schwiegervater, der Graf von Flandern, für den minder-
jährigen König die Regentschaft, während in Deutschland
der junge Heinrich IV. völlig unter dem Einflusse des mit
dem Papst Alexander eng verbundenen deutschen Episko-
pates stand.

Der Ruf von Wilhelms geplantem Unternehmen ver-
breitete sich bald in den Nachbarländern. England war
auf dem Kontinente bekannt als eine Insel „reich an Gold
und Silber, sehr fruchtbar an Speise, Trank und allen
Früchten." So mochten denn die Grafen und Herren und
das rohe, abenteuerlustige Kriegsvolk, welche alle aus den
benachbarten Landschaften zu den Fahnen Wilhelms zu-
sammenströmten, wohl hoffen, reiche Beute bei dem Zuge
davonzutragen. Und welche Beruhigung musste nicht zugleich für ihr Gewissen der Gedanke sein, im Dienste der
Kirche, des rechtmässigen Papstes zu Felde zu ziehen!

Dort wo das Flüsschen Dive in den Kanal mündet,
hatte im August 1066 Wilhelm alle seine Kriegsscharen
versammelt. Eine Flotte war gezimmert und stand bereit,
sie nach England hinüberzuführen. Doch der ersehnte Wind
aus dem Süden wollte nicht wehen. Ein heftiger Westwind
trieb die Schiffe nordostwärts nach S. Valery an die Mündung
der Somme. Das Heer folgte dorthin. Schon mehr als
einen Monat hatte Wilhelm durch das Warten verloren. Er
ordnete jetzt allgemeine Gebete an, den Himmel um günstige
Winde anzuflehn.

Währenddessen war König Harold nicht müssig gewesen, die Verteidigung seines gefährdeten Reiches zu or-
ganisieren. Bundesgenossen besass er nicht. Ja, er musste

darauf gefasst sein. ausser von Wilhelm im Süden auch im Norden angegriffen zu werden. Plante doch sein Bruder Tostig in Gemeinschaft mit Harold von Norwegen, an dessen Hofe er Zuflucht gefunden hatte, die Wiedereroberung seines verlorenen Eorldoms. Doch für den Augenblick war die Abwehr Wilhelms Harolds Hauptaufgabe. Mit einer Flotte und einem Landaufgebote bewachte er vom Frühjahr 1066 an die Küsten des südlichen Englands. Ein Monat nach dem anderen verstrich, die normannischen Segel wollten sich nicht zeigen. Heer und Flotte wurden ungeduldig. Im September war es Harold nicht länger möglich, sie zusammenzuhalten. Doch kaum hatten sich beide zerstreut, da vernahm Harold, dass Tostig zusammen mit dem Norwegerkönig in Nordengland eingefallen sei. Unverzüglich eilte er ihnen, nur von seinen Haustruppen umgeben, entgegen und schlug sie, unterstützt von dem Aufgebote des nördlichen Englands, am 25. September in der blutigen Schlacht von Stamfordbridge aufs Haupt. Während Harold noch im Norden weilte, erhob sich zwei Tage nach Stamfordbridge an der Küste der Normandie der ersehnte Südwind, und die Einschiffung Wilhelms und seiner Mannen konnte vor sich gehen.

Wir sind bei den die unmittelbare Vorbereitung für die Schlacht von Hastings bildenden Ereignissen angelangt. Bevor wir zu ihrer Erzählung, sodann zur Darstellung der Schlacht selbst übergehen, werden wir einen Blick über die uns zu Gebote stehenden Quellen zu werfen haben.

II.

Uebersicht über die Quellen.

Die Quellen für die Schlacht von Hastings fliessen verhältnismässig zahlreich. Doch hat man bei ihrer Benutzung mit mannigfachen Schwierigkeiten zu kämpfen, welche jeder, der historische Aufzeichnungen aus dem Mittelalter benutzt, zu überwinden hat. Die Autoren jener Zeit sind naiv, nicht kritisch, parteiisch, nicht nüchtern abwägend. Die Tendenz, alles was ihnen erzählt wird, auf Treu und Glauben anzunehmen, können wir zum Glück dann berichtigen, wenn es sich um innerlich unglaubwürdige oder unwahrscheinliche Thatsachen handelt. Doch ihre Parteilichkeit würde nur in dem Falle für uns gefahrlos sein, dass beide Parteien, welche sich in einer Aktion gegenüberstehen, Aufzeichnungen hinterlassen haben — was bei unserer Schlacht leider nicht der Fall ist. Ferner lassen sich mittelalterliche Autoren oft durch die lateinische Sprache, deren sie sich bedienen, dazu verleiten, ihre Erzählung auch innerlich den römischen Verhältnissen anzupassen, wie sie zu der Zeit bestanden, in welcher ihre klassischen Vorbilder schrieben. So reden unsere Quellen von der triplex acies Wilhelms, von seinen „Legionen", von Harolds „Cohorten". Zuletzt sei eine Schwierigkeit erwähnt, die speziell in unserem Falle in Betracht kommt. Augenzeugen oder Mitkämpfer einer Schlacht pflegen, wenn sie über sie berichten, unwillkürlich denjenigen Aktionen des Treffens, welchen sie selbst zufällig beigewohnt haben, eine übertriebene Wichtigkeit beizulegen. Besitzt man nun, wie es unser Fall ist, nicht den Bericht eines Anführers, so wird es ungemein schwer halten, die für die Schlacht eigentlich entscheidenden Momente aus den Quellen herauszuarbeiten. —

Kommen wir zu der Betrachtung der Quellen im Einzelnen, so werden wir an erster Stelle die zeitgenössischen Quellen zu behandeln haben.

I. Zeitgenössische Quellen.

a) Gesta Willelmi ducis Normannorum et regis Anglorum a Willelmo Pictaviensi, Lexoviorum Archidiacono, contemporaneo scripta, in den Scriptores rerum

gestarum Willelmi Conquestoris ed. Giles, London 1845.
Ueber unseren Autor giebt uns der Mönch Ordericus Vitalis
in seiner zu Beginn des 12. Jahrhunderts verfassten Historia
ecclesiastica im dritten Buch zum Jahre 1067 bezw. im
vierten Buch zum Jahre 1070 der Ausgabe Duchesnes
(Paris 1629, S. 503 bezw. 521) folgende Data: Wilhelm,
aus normannischem Geschlechte, erhielt, weil er in Poitiers
Philosophie studiert hatte, den Beinamen Pictaviensis. Ein
tapferer Kriegsmann war er in seiner Jugend. Später trat
er in den geistlichen Stand ein und wurde Kapellan Wilhelms
des Eroberers. Ueber alles, was er in dieser Eigenschaft
erlebte, verfasste er einen sorgfältigen, in sallustischem
Stile abgefassten, bis zum Jahre 1071 gehenden Bericht.
Am Ende seines Lebens war er Archidiakon von Lisieux.
Den Worten Orderichs bleibt nur wenig hinzuzufügen.
Die Abfassungszeit der Gesta ist nach G. Körting (Wilhelm
von Poitiers," Dresdener Programm von 1875 S. 9.) in die
Zeit zwischen 1071 und 1076 zu setzen. Ueber Hastings
enthalten sie einen ausführlichen Bericht, dessen Wert nur
zu sehr durch das Bestreben des Autors, Wilhelm um jeden
Preis auf Kosten Harolds zu verherrlichen, ferner durch
Einflechtung rein. epischer Züge geschmälert wird. Dass
Wilhelm bei der Schlacht selbst nicht zugegen war, geht
aus dem Tone seines ganzen Berichtes als sicher hervor.
So sagt er z. B. bezüglich einer Ansprache Wilhelms vor
der Schlacht: ..exhortationem . . . egregiam fuisse non
dubitamus etsi nobis non ex tota dignitate sua relatam."
(Bei Giles S. 132.) Doch lässt sich nicht bezweifeln, dass
Wilhelm bei der Stellung, die er einnahm, wohl imstande
war, sich über die Schlacht von Augenzeugen zuverlässige
Kunde zu verschaffen. So betont er öfters: „sicut veracissimi
homines recitavere, qui tunc affuere testes" (vgl. z. B. S. 108). —

b) De bello Hastingensi carmen in den Monumenta
Historica Britannica, ed. Petrie and Sharpe 1848.

In diesem in ungefähr 400 lateinischen Distichen verfassten, mit einer Einleitung von 25 Hexametern versehenen Gedichte werden die Thaten Wilhelms vor, in und nach der Schlacht von Hastings in panegyrischer Weise geschildert. Verschiedene Gründe sprechen dafür, das Gedicht dem Zeitgenossen des Eroberers, Bischof Guido von Amiens, zuzuschreiben. Ordericht berichtet nämlich in seiner Kirchengeschichte (Buch 3, zum Jahr 1067), übereinstimmend mit Wilhelm von Jumieges' bald nach 1066 verfasster Normannengeschichte (Duchesnes Ausgabe, 7. Buch, Kapitel· 44), Bischof Guido von Amiens habe über Hastings ein, nach Wilhelm von Jumieges ausdrücklicher Angabe, in heroischem Versmasse abgefasstes Gedicht geschrieben. — Nehmen wir also an, unser Gedicht sei mit dem hier zwei Male erwähnten carmen identisch, so würden in seinen zwei ersten Versen — Quem probitas celebrat, sapientia munit et ornat, Erigit et decorat, L. W. salutat — die Buchstaben L und W zu ergänzen sein in Lanfrancum Wido. (Über Lanfranc, Wilhelms Ratgeber, vgl. Freeman, Norman Conquest. Bd. 2, 3, 4, 5.) —

c) „Ad Adelam comitissam" Poème addressé à Adèle, fille de Guillaume le Conquérant par Baudri, abbé de Bourgueil. publ. par Delisle. Caen 1871. Vgl. auch Henri Pasquier. „Baudri", Paris-Angers 1878.

Der Verfasser dieses Gedichtes, 1046 geboren, führte unausgesetzt ein klösterliches Leben, wurde Abt von Bourgueil, dann im Jahre 1107 Bischof von Dol. Er starb 1130. Noch als Abt schrieb er, auf jeden Fall erst nach 1088, — denn erst in diesem Jahre wurde Adele Gräfin (comitissa) von Blois —, sein in lateinischen Distichen abgefasstes Gedicht. Er beschreibt in ihm Adeles Gemach, wie er es in seiner Einbildung gesehen. Er kommt dabei auf eine den Alkoven umgebende Stickerei zu sprechen, auf der die Eroberung Englands dargestellt war, und benutzt die Gelegenheit. um uns in etwa 100 Distischen eine Schilderung der Schlacht von Hastings zu geben, deren Tendenz natürlich die Verherrlichung von Adeles Vater ist. —

d) Die Stickerei von Bayeux. Vgl. la tapisserie de Bayeux, ed. Jul. Comte. 74 Planches, Paris 1878. Die Stickerei, welche in der Bibliothek von Bayeux aufbewahrt wird. stellt auf einer mehr als 70 m langen, etwa $\frac{1}{2}$ m breiten Leinwand in 62 mit lateinischen Ueberschriften versehenen Scenen die Eroberung Englands von der Meerfahrt Harolds 1054 an bis zum Abend der Schlacht dar.

In den Scenen über Hastings selbst werden von den Normannen ausser Wilhelm, seinen beiden Brüdern und Eustach von Boulogne nur zwei sonst gänzlich unbekannte Männer, nämlich Wadard und Vital abgebildet (Pl. $^{48}/_9$ bezw. 58). Diese zusammen mit Ralph, dem Sohne eines dritten Normannen Namens Turold, den wir Planche 11 abgebildet sehen, finden wir, wie Freeman ausführt (Norman Conquest. 2. Auflage, Oxford 1875, III, 563 ff., 570/1), im Domesdaybook wieder als die Vasallen Bischofs Odo von Bayeux, Wilhelms Bruder. Aus dieser Thatsache lassen sich nach Freeman mit annähernder Sicherheit folgende Schlüsse ziehen. Erstlich: die Stickerei ist ein zeitgenössisches normanisches Werk. denn wer hätte eine oder mehrere Generationen nach 1066 noch etwas von Ralph, Wadard oder Vital gewusst? Zweitens, sie muss in irgend welchen näheren Beziehungen zu Bischof Odo stehen, war vielleicht ein Geschenk desselben an seine neuerbaute Kathedrale. -- Dass bei der Anfertigung der Stickerei, sei sie nun eine Damenarbeit oder das Werk gewöhnlicher Teppichwirker. Männer. welche den in ihr geschilderten Ereignissen nahe standen, die Oberleitung hatten, geht aus der durchschnittlichen Exaktheit aller in der Stickerei gegebenen historischen Data klar hervor.

— 12 —

In der Stickerei wird selbstverständlich für Wilhelm Partei genommen, doch verbot es die Natur des Werkes von selbst, ihn so überschwänglich wie die oben genannten Quellen zu feiern.

c) An letzter Stelle seien einige zeitgenössische Geschichtswerke angeführt, in welchen der Schlacht von Hastings kurz Erwähnung geschieht. Es sind dies:

Guillelmi Calculi Gemmeticensis Monachi Historiae Normannorum libri VIII, in den Historiae Normannorum scriptores antiqui ed. Duchesne, Paris 1619.

Der Mönch Wilhelm von Jumieges, über den wiederum Orderich Auskunft erteilt (im 6. Buch, S. 618 bei Duchesne), lebte zwischen 1010 und 1080. Im 36. Kapitel des 7. Buches seines nach 1066 geschriebenen und dem Eroberer gewidmeten Werkes giebt er einen kurzen Abriss unserer Schlacht. Trotzdem er in seiner „Epistola ad Guilelmum" behauptet, teilweis selbst Erlebtes zu erzählen, im übrigen sich auf die Berichte zuverlässiger Männer zu stützen, bemerkt Ranke (Weltgeschichte, 7. Teil, S. 240), dass er „viele unbegründete Zuthaten enthält."

The Anglo-Saxon Chronicle (Mon. Hist. Britt.. S. 291 ff.) erwähnt nur kurz die Schlacht, da das patriotische Gefühl des Chronisten ihm nicht erlaubt, die furchtbare Niederlage seines Volkes in allen Einzelheiten zu schildern.

Chronicon ex chronicis ab initiis mundi usque ad annum Dom. 1118 deductum auctore Florentio Wigorniensi monacho (Mon. Hist. Britt. S. 522).

Florentius von Worcester, als geborener Engländer ein warmer Bewunderer Harolds, stützt sich in seinem lakonischen Bericht über Hastings im wesentlichen auf die Anglo-Saxon Chronicle.

In drei weiteren englischen Chroniken finden wir die Schlacht erwähnt: im Chronicon monasterii de Abingdon (ed. Stevenson, London 1858) und im Chronicon Angliae

Petriburgense (ed. Giles, London 1845), endlich im Liber
monasterii de Hyda (Rerum Britanicarum medii aevi scriptores, London 1866).

Endlich enthalten u. a. folgende fremde zeitgenössische
Chroniken Notizen über unsere Schlacht: Chronicon Sancti
Maxentii (Phil. Labbé, Nova Bibliotheca II, 211), Annales
Altahenses maiores (Monumenta Germaniae, Scriptores XX,
817/8) und Adami Gesta pontificum Hamburgensis Ecclesiae
(Mon. Germ., Script. VII, 356).

Bezüglich des allgemeinen Ganges der Ereignisse wird
Wilhelm von Poitiers unsere Hauptquelle sein. Nach allem,
was wir von seinem Leben wissen, müssen wir erwarten,
dass er zuverlässige Kunde über die Ereignisse besass und besonders auch kriegerische Aktionen einiger-
massen zu beurteilen verstand. Ihm gegenüber gebührt
dem Carmen de bello Hastingensi, das, wie nie vergessen
werden darf, als Gedicht garnicht den Anspruch auf grosse
historische Treue machen kann, erst die zweite Stelle in
unserer Wertschätzung. — Baldrich stand persönlich, ört-
lich und zeitlich den Ereignissen zu fern, als dass wir seiner
Schilderung eine allzu grosse Bedeutung beimessen könnten[1].

Bezüglich der Bewaffnung der Heere, vielleicht auch
bezüglich einzelner Episoden des Gefechtes wird uns die
Stickerei wertvolle Aufschlüsse gewähren[2].

Als willkommene Ergänzung zu diesen vier Hauptquellen können wir die übrigen unter e) aufgeführten Werke
betrachten. Von ihnen werden besonders die englischen

---

[1] Vgl. über Balderich auch Round in der Quarterly Review
vol. 177 (July 93), S. 73 ff.

[2] Als Beweis für die Zuverlässigkeit der Stickerei führt
Round in der Quarterly Review (vol. 177, S. 91 2) an, dass das
Bild, welches sie uns von einem englischen schwerbewaffneten
Krieger giebt, genau übereinstimmt mit der Schilderung eines
solchen durch Flor. Wigorn. a. d. 1040.

Quellen zu berücksichtigen sein, die freilich wegen ihrer
Kürze ein nur schwaches Gegengewicht zu den normannisch
gefärbten Berichten bilden. —

2.

An zweiter Stelle seien diejenigen Quellen aufgeführt,
deren Verfasser der dem Zeitalter der Schlacht nächst-
folgenden Generation angehören.

a) Chronicon monasterii de bello (ed. Anglia
Christiana London 1846).

Aus dem von Wilhelm nach dem Siege von Hastings
auf dem Schlachtfelde gegründeten Kloster, dessen Ein-
weihung im Jahre 1094 erfolgte, entstammt unsere
die Jahre von 1066 bis 1176 umfassende Chronik. Die
Abfassungszeit des Beginns der Chronik, in dem wir
einen mässig langen, besonders mit den Oertlichkeiten
des Schlachtfeldes vertrauten, für Wilhelm parteiischen
Bericht über Hastings finden, wird vielleicht um
die Wende des 11. Jahrhunderts zu setzen sein. Vorher
waren die Mönche sicherlich zu sehr mit der Einrichtung
ihres Klosters beschäftigt, als dass sie zu historischen Aufzeichnungen Musse gehabt hätten. Auch wird der Hügel,
auf dem die Engländer in der Schlacht aufgestellt waren,
einmal in der Battlechronik bezeichnet als „collis quo nunc
ecclesia stat.“[1] Also ist die Abfassungszeit kaum vor 1094
zu setzen.

b) Brevis relatio de Willelmo nobilissimo comite
Normannorum, quis fuit et unde originem duxit et quo
haeredetario jure Angliam sibi armis acquisivit, in den
Script. rer. gest. Will. conqu. ed. Giles.

Dies Werk enthält einen mässig langen, für Wilhelm
parteiischen, von den anderen Quellen nicht viel abweichenden

---

[1] Vgl. Freeman IV, 398.

Bericht über Hastings (S. 7/8 bei Giles). Die Abfassungszeit
ist in das Jahr 1106 zu setzen, da S. 13 die Erzählung
von der Unterwerfung der Normandie durch Heinrich I mit
den Worten abgeschlossen wird: „hic est autem status
Angliae et Normanniae ad praesens." —

c) Wilielmi Malmesburensis de gestis regum
Anglorum libri V, in den Rerum Brittannicarum medii aevi
scriptores, ed. W. Stubbs, 2 vol. London 1887.

Wilhelm, geboren um 1095 im südlichen England,
widmete als Mönch des Klosters Malmesbury im Jahre 1125
sein Werk über die englischen Könige dem Bastard Heinrichs I,
Robert von Gloucester. Im 3. Buch (II, 300—306 bei
Stubbs) schildert er ausführlich und im sachlichen Tone
unsere Schlacht. Z. T. scheint er sich dabei auf frühere
Autoren zu stützen, z. T. aus der mündlichen Tradition zu
schöpfen. Wie er selbst im Prolog zum 3. Buche sagt
(II, 283/4), will er, da in seinen Adern normannisches wie
angelsächsisches Blut fliesse, beiden Parteien gerecht werden.
Doch unverkennbar steht er im Herzen auf Wilhelms Seite. —

d) Henrici Archidiaconi Huntendunensis Historia Anglorum libri VIII, in den Rer. Brit. med. ae.
script., ed. Arnold. London 1879. —

Heinrich, Archidiakon von Huntingdon, in England
zu Ende des 11. Jahrhunderts geboren, gab sein Werk 1129
heraus. Uns ist jedoch nur eine 16 Jahre später gemachte
Ausgabe erhalten. Sein für Wilhelm parteiischer Schlacht-
bericht (S. 200 ff. bei Arnold) enthält manche den früheren
Autoren gänzlich unbekannte Zuthaten, die für uns jedoch
kaum einen Wert besitzen, da sie innerlich wenig wahrscheinlich sind, und das Werk auch im übrigen die mannigfachsten Irrtümer aufweist[1].

---

[1] So erzählt Heinrich, Harold habe die Nachricht von Wilhelms
Landung, die doch erst am 28. September erfolgte, bereits beim

f) Orderici Vitalis Angligenae Coenobii Uticensis Monachi, Ecclesiastica Historia, in den Hist. Norm. script. ant. ed. Duchesne, Paris 1619.

Orderich, um 1075 geboren, beschäftigte sich während seiner 56jährigen Mönchszeit hauptsächlich mit der Ausarbeitung seiner umfangreichen Kirchengeschichte[1]. Für die Geschichte Wilhelms, also auch für unsere Schlacht, ist er, wie er selbst im 4. Buche sagt (S. 521 bei Duchesne), Wilhelm von Poitiers gefolgt; hin und wieder schreibt er auch Wilhelm von Jumieges aus. So haben wir, entgegen der Auffassung Archers (Historical Review IX, 30/1, von 1894), seiner Schlachtschilderung keinen Wert beizulegen. Seine einzige originelle Nachricht ist, dass er den Ort der englischen Aufstellung als den Hügel von Senlac bezeichnet. Es sei hierbei gleich bemerkt, dass Freeman auf Grund dieser Angabe Orderichs die Schlacht von Hastings in eine Schlacht von Senlac umgetauft hat (vgl. Norman Conquest, III. 409/10, 758/9). Wir jedoch schliessen uns Rounds Ausführungen in der Quarterly Review (vol. 175, 9 ff. von 1892) an und behalten den ersteren Namen bei, hauptsächlich da die Schlacht nun · einmal unter ihm allgemein bekannt geworden ist. —

g) In folgenden Quellen wird endlich mit einigen Worten unserer Schlacht gedacht:

Eadmeri historia novorum in Anglia, in den Rer. Britt. med. ae. script., ed. Rule, London 1884.

Eadmer, ein Schüler Anselms († 1109) erwähnt kurz die Schlacht als eine Strafe für Harolds Verbrechen (S. 9 bei Rule). —

Siegesmahl nach der Schlacht von Stamfordbridge, also am 25. September erfahren.

[1] Genauere Daten über Orderich bei F. Michel, Introduction zu Benoits Chronique Paris 1836.

De inventione Sanctae Crucis Walthamensis, in den Croniques Anglo-Normandes, publ. par F. Michel, Rouen 1836. Tome 2. Der Verfasser war Kanonikus von Waltham, Harolds Lieblingskloster. Da er nach seinen eigenen Worten dieses Amt der Gemahlin Heinrichs I. verdankt, haben wir die Entstehung seines kurzen, Harold sympathischen Schlachtberichts (S. 242 bei Michel) in die ersten Jahrzehnte des 12. Jahrhunderts zu setzen. —

Hugonis Floriacensis Historia ecclesiastica; vgl. Monumenta Germaniae, Scriptores 9. —

Hugo von Fleury schrieb zur Zeit Heinrichs I. von England. —

Alle diese unter 2 zusammengefassten Quellen sind in einer Zeit entstanden, in der Mitkämpfer der Schlacht noch am Leben sein konnten, die mündliche Tradition über diese also noch nicht verdorben oder gänzlich entstellt war. — Dass die Verfasser ausser der mündlichen Ueberlieferung auch noch besondere schriftliche, uns verloren gegangene Quellen über Hastings benutzt haben, ist, da wir keinerlei Andeutungen bei ihnen darüber finden, auch ihr Inhalt im allgemeinen dagegen spricht, so gut wie ausgeschlossen. — Können wir über einzelne Punkte in den zeitgenössischen Quellen keinen genügenden Aufschluss finden, so wird diese Quellengruppe, in welcher Wilhelm von Malmesbury eine besondere Bedeutung zukommt, zu Rate zu ziehen sein; die Voraussetzung ist dabei, dass ihre Nachrichten innerlich wahrscheinlich sind und sich dem Ganzen des Schlachtbildes harmonisch einfügen.

3.

Wir kommen an dritter Stelle zu Quellen, deren Abfassungszeit um die Mitte des 12. Jahrhunderts zu setzen ist.

a) L'estorie des Engles, Solum Geffrei Gaimar, in den Monum. Hist. Britt.

Der Verfasser, aus Troyes gebürtig, setzte um 1150 in England im Auftrage einer vornehmen Dame den Inhalt englischer Chroniken in französische Verse um[1].

Seine Schlachtschilderung (S. 827) beschränkt sich in der Hauptsache auf die Darstellung der Thaten des normannischen Ritters Taillefer. —

b) Waces Roman de Rou, Ausgabe von Andresen, Heilbronn 1879.

Wegen des sehr grossen Gewichts, das englische Forscher wie Freeman (Norm. Conq. III, 757, V, 581), Archer (Histor. Rev. IX, 31), Lower (Sussex Archaeolog. Collections VI, 24) auf den historischen Wert des Rou legen, ist eine eingehende Besprechung des Lebens und des Werkes von Wace geboten. —

Um 1100 wurde Wace auf der Insel Jersey geboren. Nachdem er die Schule von Paris besucht hatte, wurde er „clerc de Caen" und starb als Kanonikus von Bayeux um 1175. Zwischen 1160 und 1174 schrieb er, vermutlich auf Anregung des englischen Königs, dessen Hoftroubadour er war, in französischer Sprache seinen etwa 16000 Verse umfassenden Roman de Rou. Den Inhalt desselben bildet die normannische Geschichte von ihren sagenhaften Anfängen an bis zum Jahre 1107. Im dritten Teile dieses Werkes giebt er in ungefähr 2000 Versen die ausführlichste Schilderung unserer Schlacht, die wir überhaupt besitzen (bei Andresen II, 305—85).

Für die Grundzüge seines Schlachtberichts stützt sich Wace, wie Körting („Quellen des Rou," S. 59 ff. Leipziger Dissertation von 1867), ferner Round (Histor. Rev. VIII, 677 von 1893) ausführen, auf Wilhelm von Poitiers [vgl. z. B. V. 6735 ff. mit Will.. Pict. S. 128], das Carmen [vgl. z. B.

---

[1] Vgl. über Gaimar wie über Wace auch Gaston Paris, Littérature française au moyen âge. S. 132 ff.

— 19 —

V. 8035 ff. mit Carm. Hist. V. 384 ff.], die Stickerei [vgl.
z. B. V. 8131 ff. mit Pl. 71 2]. Wilhelm von Jumieges [vgl.
z. B. V. 8185 und 8833 mit Guil. Gemm. Buch VII, Kap. 36],
endlich Wilhelm von Malmesbury [vgl. z. B. V. 7349 ff. mit
Will. Malm. vol. II, 302 bei Stubbs]. —

Doch die Hauptfrage ist: wo hat Wace die geradezu
überwältigende Masse der ihm allein eigentümlichen Detailnachrichten her? Als deren charakteristische Eigentümlich-
keiten haben wir zu bezeichnen

Erstens: soweit sie die politischen und sozialen Verhältnisse der Zeit der Schlacht berühren, zeigen sie Un-
kenntnis derselben. So heisst es V. 7721: „Harold hat
seine Mannen entboten — die der Schlösser und der Ge-
meinden — der Häfen, der Städte und der Burgen —
Grafen. Barone und Vasallen." Wace überträgt hier, wie
auch V. 7324, die Verhältnisse seines Landes und seiner Zeit
100 Jahre rückwärts auf ein fremdes Land.

Zweitens: der Autor zeigt in ihnen höchst unklare
Vorstellungen über die Oertlichkeiten. V. 6500 lässt er
Wilhelm bei Hastings anstatt bei Pevensey landen (vgl.
unten S. 22). Aus V. 7597 ff. ergiebt sich, dass Wace
keine Vorstellung davon hat, dass Wilhelm am Morgen des
Schlachttages noch etwa 11 Kilometer zum Schlachtfelde
zu marschieren hatte (vgl. unten S. 25). V. 8889 ff. lässt
er die Engländer bei ihrer Flucht auf einer Brücke ein
Gewässer überschreiten, das in den sonstigen Quellen nicht
erwähnt wird, auch heute nicht aufzufinden ist.

Drittens: die Chronologie ist unglaublich verwirrt. So
erzählt er einmal, die Engländer besetzen den Senlacer
Hügel am 12. Oktober Abends (V. 6985 ff.), ein anderes Mal,
am 14. Oktober Morgens (V. 7768 ff.).

Viertens: sie sind tendenziös. Harold wird als ein zu
Wutausbrüchen neigender Feigling geschildert (z. B. V. 7913 ff..
7005 ff.), während sein Bruder Gurt in den Himmel erhoben
wird.

2*

Fünftens: abgesehen von diesen vier Punkten tragen
sie in ihrem sonstigen Inhalte den Stempel der Unglaub-
würdigkeit an sich. Um Wiederholungen zu sparen, muss
hier auf die Beweise verwiesen werden, wie sie im Laufe
der späteren Darstellung gegeben werden sollen.

So erweisen sich Waces Detailnachrichten als historisch
wertlos. Damit ist uns der Schlüssel zu der Frage ihrer
Herkunft gegeben: Wace hat sie nicht entnommen aus
älteren schriftlichen Aufzeichnungen, die uns verloren ge-
gangen sind, sondern wir haben in ihnen die zu seiner Zeit
im Volke fortlebende mündliche Tradition über die Schlacht
zu erkennen. Und dass diese Tradition unzuverlässig sein
musste, wird jeder bejahen, der sich die Frage vorlegt:
welcher moderne Geschichtsschreiber würde versuchen, über
zwei bis drei Menschenalter abliegende kriegerische Ereignisse aus der mündlichen Tradition irgend etwas genaueres
erfahren zu wollen? — Wenn wir so Wace jeden Wert als
Quelle für unsere Schlacht bestreiten müssen, so ist damit
nicht gesagt, dass er wissentlicher Geschichtsfälschung be-
schuldigt werden soll. Er war eben ein trouvere, ein Troubadour, sein Werk soll kein Geschichtswerk sein, sondern
ein Epos, bestimmt dazu, von den Sängern bei den Ge-
lagen des königlichen Hofes vorgetragen zu werden. Wir
schliessen unsere Ausführungen über Wace mit den Worten
Leopold von Rankes (Weltgeschichte VII, 239): „Die Geschichte der Eroberung Englands durch Wilhelm von der
Normandie ist durch Ueberlieferungen, die selbst den Titel
eines Romans tragen, zugleich erweitert und verdunkelt.
Den Roman . . . muss man, so anziehend er lautet, fallen
lassen."

c) Beneoit, Chronique des ducs de Normandie,
ed. F. Michel, Paris 1836.

Benoit war ein jüngerer Landsmann und Zeitgenosse
Waces. Für den Bericht über Hastings in seiner franzö-

sischen Reimchronik gilt im wesentlichen dasselbe, was von
Waces Schlachtschilderung gesagt ist.

d) Stephan von Rouen, „Draco Normannicus"
ed. R. Howlett in den Chronicles of the Reigns of Stephen,
Henry II and Richard I. London 1885, 2. vol.

Der Verfasser, ein Mönch aus dem Kloster Bec, dessen
Tod ungefähr um 1170 anzusetzen ist, behandelt in einem
in lateinischen Distichen abgefassten Gedicht, Draco betitelt, normannisch-englische Geschichte bis 1169. Im 1.
Buch, Kapitel 30, giebt er uns eine in den allgemeinsten
Ausdrücken gehaltene Schilderung der Schlacht von Hastings.
Die poetische und zugleich klassische Form der Schilderung,
die Lebensstellung und der Wohnsitz des Verfassers, endlich
der Umstand, dass er mehr als 100 Jahre nach Hastings
schreibt, verbieten uns, seiner Schilderung einen historischen
Wert beizumessen.

e) Noch spätere Werke als die vorgenannten, so z. B.
die Chronika Rogers de Hoveden, die vita Haroldi, die
Chronika Roberts von Torigni, das Polychronikon Ranulphi
u. a. m. kommen für uns nicht mehr in Betracht.

Unser Urteil über die unter 3 zusammengefassten
Quellen wird also dahin gehen, dass sie für eine Darstellung
der Schlacht von Hastings wertlos sind. —

III.
Bewegungen beider Heere unmittelbar vor der Schlacht.

Auf Grund unserer Quellenuntersuchungen beginnen
wir nunmehr mit der Darstellung der kriegerischen Ver-
wicklungen zwischen Wilhelm und Harold im Jahre 1066,
und zwar müssen zuerst geschildert werden die Bewegungen
der Heere unmittelbar vor ihrem Zusammentreffen am 14.
Oktober.

Nach einer glücklichen Ueberfahrt[1] landete Wilhelm am Morgen des 28. September[2] an der südenglischen Küste in der Bucht von Pevensey[3], ohne auf irgend welchen Widerstand von Seiten der Engländer zu stossen[4]. (Vgl. Will. Pict. S. 127; Stick. Pl. 46; Carm. Hast. V. 127.)

Nachdem er eine Schar von Kriegern in einer Befestigung in Pevensey zum Schutze der Schiffe zurückgelassen hatte[5], zog er am folgenden Tage, da er in der Gegend seines Landungsplatzes zu wenig Lebensmittel fand, die flache Küste weiter ostwärts entlang bis nach Hastings. (Vgl. Will. Pict. S. 127; Carm. Hast. V. 141: Stick. Pl. 47/8.)

Hier beschloss Wilhelm, die nächste Zeit zu verweilen

---

[1] Nur bei Wace (V. 6559 ff.) hören wir, zwei Schiffe seien untergegangen, auf deren einem sich ein prophetischer Mönch befand, welcher Wilhelm Glück für sein Unternehmen vorausgesagt hatte. — Da die Ueberfahrt vom besten Wetter begünstigt war, auch die zeitgenössischen Quellen von keinerlei Unfall wissen, ist die z. T. ein recht episches Gepräge tragende Anekdote Waces als unglaubwürdig zurückzuweisen. — Bei Freeman (III, 411,/2) steht sie im Text.

[2] Vgl. Fremans Ausführungen III, 744. —

[3] Bei Will. Malm. und im Chron. monast. wird über Wilhelms Landung dieselbe Geschichte erzählt, die wir bei Sueton, Julius Cap. 59 über Cäsars Landung in Afrika finden. — Bei Freeman steht sie im Text (III, 407).

[4] Wace erzählt (V. 6509 ff.), zuerst seien die Bogenschützen gelandet, dann die Ritter in voller Rüstung, hoch zu Ross. — Die Landung von Hunderten von Schiffen in solcher Ordnung zu bewerkstelligen, war ein Ding der Unmöglichkeit. Welchen Nutzen sollte es auch gehabt haben? Die Küste ist ja ganz flach, ein feindlicher Ueberfall war also nicht zu befürchten. — — Freeman hat sich Wace angeschlossen (III, 408).

[5] Wace erzählt (V. 6617 ff.), Wilhelm hätte seine Schiffe zerstören lassen. Das ist selbst Freeman zu viel (III, 408).

und liess eine Befestigung errichten[1]. Nachdem Wilhelm einen Rekognoszierungsritt mit einigen Reitern unternommen, liess er das Land um Hastings herum in systematischer Weise verwüsten[2]. Er wünschte eben eine Entscheidungsschlacht so bald wie möglich herbei und rechnete darauf, dass Harold schleunigst herbeieilen würde, um weiteren Verwüstungen Einhalt zu gebieten. (Vgl. Will. Pict. S. 127, 131; Carm. Hast. V. 147; Stick. Pl. 52, 53.)

Harold hatte unterdes nach dem Siege von Stamfordbridge sich und den Seinen einige Tage Ruhe gegönnt. In den ersten Tagen des Oktobers[3] erhielt er die Nachricht von Wilhelms Landung[4]. Nach einer Beratung mit den vornehmsten Mitgliedern seines Heeres brach er unverzüglich mit seinen Haustruppen nach dem Süden auf (vgl. Carm. Hast. V. 169). Eadwin und Morkere, die Eorle von Nord- und Mittelengland folgten ihm jedoch nicht mit ihren Scharen (vgl. Flor. Wig. S. 614)[5]. — Ungefähr am 7. Okt.

---

[1] Die Stickerei zeigt uns höchstwahrscheinlich, wie Wilhelm mit seinen Brüdern Odo und Robert über die Erbauung eben dieses Kastells zu Rate geht. (Pl. 51.)

[2] Freeman macht III, 741 darauf aufmerksam, dass die Umgegend von Hastings noch in dem um 1086 abgefassten Domesday Book als „wasta" bezeichnet wird. — Entgegen unseren Hauptquellen berichtet Balderich (V. 393), Wilhelm habe England in einer pathetischen Ansprache gelobt, seine Aecker zu schonen. Es war sicherlich Balderich peinlich, der Gräfin Adele etwas Nachteiliges über ihren Vater sagen zu sollen.

[3] Freeman rechnet III, 745 als wahrscheinliches Datum den 1. Oktober.

[4] Im Carm. Hast. (V. 149) und bei Wace (V. 6711) finden wir diese Episode mit hübschen poetischen Ausschmückungen, welche ·Freeman alle acceptiert hat (III, 418), erzählt.

[5] Freeman führt III, 423 die Motive an, welche die Eorle vermutlich hierzu bestimmt haben.

langte er in London an (vgl. Will. Pict. S. 132)[1]. Er machte
dort einige Tage Halt, um dem Aufgebote Südenglands Zeit
zu geben, sich unter seinen Fahnen zu sammeln[2]. — Wilhelm war unterdes durch einen in der Nähe von Hastings
wohnenden Normannen Kunde von Harolds Sieg und Anmarsch gebracht worden[3]. — In den Quellen wird übereinstimmend die Thatsache erwähnt, dass zu dieser Zeit Gesandtschaften zwischen Wilhelm und Harold hin- und hergingen. Doch über die Botschaften, deren Ueberbringer
die Gesandten waren, gehen unsere Quellen so weit wie
irgend denkbar auseinander[4]. Man kann vermuten, dass
Wilhelms Boten auf Grund der Rechtsansprüche ihres Herrn
Harold zur Niederlegung der Krone aufforderten, worauf
ihnen sicherlich von Harold eine stolze abschlägige Antwort zuteil geworden ist. — Am 11. Oktober brach Harold
mit seinem nun gesammelten Heere von London auf[5]. Wir

---

[1] Freeman rechnet den 5. Oktober. Doch wie Gustav Köhler
nachweist (Entwicklung des Kriegswesens in der Ritterzeit. Breslau 1886. I, 28), konnte Harold, da die Entfernung von York bis
London 38½ Meilen beträgt, unmöglich vor dem 7. in der Hauptstadt sein.

[2] Der Schrift De inventione zufolge (S. 242) soll Harold die
Tage seines Aufenthalts in London auch zu einer Wallfahrt nach
Kloster Waltham benutzt haben.

[3] In epischer Ausschmückung wird dies durch Wilhelm von
Poitiers berichtet (S. 128). Vgl. auch Freeman III, 414.

[4] Vgl. Will. Pict. S. 128; Carm. Hast. V. 203; Will. Malm.
II, 301.
Vgl. auch hierzu die Ausführungen Freemans III, 432.

[5] Bei Will. Pict. (S. 131) und im Carm. Hast. (V. 319) lesen
wir, dass Harold, um Wilhelm den Rückzug abzuschneiden, zur
selben Zeit 700 bezw. 500 Schiffe abgesandt habe. — Dies klingt
unglaublich! Wo sollte Harold in so kurzer Zeit eine so grosse
Menge von Schiffen mit der zu ihnen gehörigen Besatzung herbekommen haben? Freeman vermutet mit Recht (III, 729), dass
das Ganze nur eine Verwechslung mit der im September nach

können uns vorstellen, wie er zur Eile drängte, wie sein Herz bluten musste bei dem Gedanken an die Verwüstungen, die der Feind in seinem Erblande anrichtete (vgl. Will. Pict. S. 181). Zwei Tage marschierte er nach Süden in der Richtung, in welcher er Wilhelm vermutete. Als er am Morgen des 14. Oktobers in der Nähe des etwa $1^1{}_2$ deutsche Meilen von Hastings entfernten Senlacer Hügels angelangt war, erhielt er die Nachricht, dass Wilhelm nicht fern sei (vgl. Stick. Pl. 59 60). Wahrscheinlich am Abend des 13. Oktobers hatte der Herzog durch einen Spion das Heranrücken Harolds erfahren. Nachdem er die Messe gehört und das Abendmahl genommen hatte, brach er am frühen Morgen des 14. Oktobers von Hastings auf[1] und zog in der Richtung auf London über den Höhenzug entlang, der sich von Hastings aus nordwestlich in das Innere des Landes zieht. Als er nach einem mehrstündigen Marsch auf dem letzten Ausläufer des Höhenzuges, auf der von Hastings etwa 11 Kilometer entfernten Höhe von Telham, angelangt war, wurde ihm gemeldet — der Stickerei zufolge (Pl. 58) durch Vital —, Harolds Heer rücke heran. Und in der That sah er bald darauf, wie in nördlicher Richtung auf dem Hügel von Senlac, jenseits eines Thales, in welches die Höhe von Telham sich hinabsenkt, die englischen

_____

London zurückgekehrten Flotte ist. — Guil. Gemmet. (S. 287) erzählt, Curt riet Harold, nicht durch einen Kampf mit Wilhelm seinen Treueid zu brechen. Er selbst wolle den Normannen entgegenziehn. Harolds Mutter stimmt dem Vorschlag zu. Doch der König weist ihn entrüstet zurück und giebt seiner Mutter einen Fusstritt. Aehnliche Geschichten tischt uns Wace auf (V. 7005).

[1] Bei Will. Malm. (II, 302 hören wir, die Normannen hätten die letzte Nacht vor der Schlacht mit Beten und Bekennen ihrer Sünden verbracht, während die Engländer sie durchschwärmten, tranken und sangen. — Dass dies eine tendenziöse Erfindung ist, liegt auf der Hand. —

Scharen sich zeigten[1]. Für den Fall des Sieges gelobte
Wilhelm auf dem Platze, wo er jetzt die englische Standarte
wehen sah, ein Kloster zu errichten. Nach dem Vorschlage
eines Mönches sollte dies dem hl. Martin geweiht werden.
(Vgl. Chron. monast. S. 2.)

IV.
Zusammensetzung, Bewaffnung und Stärke beider Heere.

a) Das normannische Heer.

Der Kern des Heeres bestand aus den berittenen
Vasallen Wilhelms, den Baronen der Normandie, von Bretagne und Maine, deren vornehmste Mitglieder von Wilhelm
von Poitiers namentlich aufgeführt werden, und denen sich
auch zwei Prälaten, Kleriker und Mönche angeschlossen
hatten (vgl. Will. Pict., S. 135). Nennen wir Wilhelms
Vasallen hier der Kürze halber Ritter, so dürfen wir dabei
nicht vergessen, dass der eigentliche Ritterbegriff mit seinen
eigentümlichen Anschauungen über Ehre, Frauendienst u. s. f.
erst beträchtliche Zeit nach 1066 zur Ausbildung gelangt

---

[1] Vgl. Will. Pict. (S. 133): nachdem der Autor über die
Aufstellung der Normannen berichtet, sagt er von den Engländern:
„non tam audentes cum Willelmo ex aequo configere, plus eum
quam regem Noricum extimentes, locum editiorem praeoccupavere,
montem silvae, per quam advenere, vicinum." — Das Carm. Hast.
schildert das Anrücken der Engländer wie folgt (V. 364): „e ne-
moris latebris agmina prosiliunt. — Mons silvae vicinus erat
vicinaque vallis, et non cultus ager asperitate sui — Anglis ut
mos est densatim progredientes haec loca praeripiunt." — Guil.
Gemm. sagt von Harold (S. 287): „... ducem incautum accelerans
praeoccupare, tota nocte equitans in campo belli apparuit mane."
— Vgl. Will. Malm. (II, 302): „Angli ... mane incunctanter in
hostem procedunt."

ist. Die Ritter Wilhelms dagegen können wir uns nicht roh und ungeschlacht genug vorstellen. Ihre Bewaffnung besteht, wie die Stickerei zeigt, in einem konischen metallenen Helm mit Nasenband und Nackenschutz. Den Körper schützt ein bis zu den Knieen reichendes Panzerhemd. In der linken Hand halten sie einen nach oben abgerundeten, nach unten spitz zulaufenden Schild. Die Rechte umfasst eine lange, mit Fähnchen geschmückte Lanze, deren Spitze nach oben gerichtet ist. Nur Wilhelm und sein Bruder Odo schwingen statt einer Lanze eine Keule. — Für den Gebrauch zum Nahkampf hing an der linken Seite ein breites Schwert herab. — Das Pferd war ungepanzert. Der Reiter, welcher die Zügel zugleich mit dem Schilde in der Linken hielt, sass auf einem Sattel, hatte Steigbügel und Sporen.

Neben den Rittern hatte Wilhelm auch Fussvolk unter seinen Fahnen. Das bestand aus wilden Kriegsgesellen, die aus aller Herren Ländern, aus Flandern und aus der Bretagne, aus Frankreich, ja aus Deutschland zusammengeströmt waren[1] (vgl. Will. Pict., S. 122, 123). Nur einige wenige von ihnen sind ähnlich schwerbewaffnet wie die Ritter. Die grosse Mehrzahl ist nur mit Bogen oder Schleudern bewaffnet.

Ueber die Stärke dieses Heeres gehen die Angaben unserer Quellen weit auseinander. Das Carmen (V. 96) spricht von 150 000, Wilhelm von Poitiers einmal von 50-, das andere Mal von 60 000 (S. 122 bezw. 128), die Chron. S. Max. endlich von 14 000 Kriegern (S. 211).

Verschiedene Gründe · sprechen dafür, die geringst angegebene Zahl als der Wahrscheinlichkeit am nächsten kommend anzunehmen.

Zuerst sei bemerkt, dass die Heere des Mittelalters, entsprechend der damaligen geringen Bevölkerungsdichtigkeit

---

[1] Vgl. Freeman III. 308.

von Europa, ausserordentlich klein verglichen mit modernen
Armeen waren. So hat Boutaric urkundlich zusammengestellt, wie wenig zahlreich die Ritteraufgebote z. B. Frankreichs waren[1]. Und der Kern von Wilhelms Heere bestand
eben, wie oben bemerkt, aus einem Ritteraufgebote. —
Dieser Grund allgemeiner Art wird in unserem Falle noch
durch spezielle Momente verstärkt. Oben hörten wir, dass
Wilhelm mehr als einen Monat an der Küste seines Landes
auf günstigen Wind wartete. Kein Krieger durfte sich
während dieser Zeit gewaltsam Lebensmittel verschaffen
(vgl. Will. Pict., S. 122). Nehmen wir selbst an, die Barone
hätten für ihren und ihrer Knechte Unterhalt selbst Sorge
getragen, — für den Unterhalt des übrigen Kriegsvolkes
musste Wilhelm sicherlich aufkommen. Er konnte dazu
nur imstande sein, wenn dessen Zahl nicht zu gross war.
Die Zahl der Schiffe oder vielmehr Böte Wilhelms
wird zwischen 700 und 3000 angegeben[2]. Wir rechnen
sicherlich schon eher zu hoch als zu niedrig, wenn wir eine
mittlere Zahl, vielleicht 1500, als den Thatsachen entsprechend annehmen. Nun kommen der Stickerei zufolge
auf jedes Schiff im Durchschnitt nicht mehr als 7 Insassen.
So erhalten wir für Wilhelms Heer immerhin erst eine Zahl
von 10—12 000 Mann.

Die Landung des normannischen Heeres in Pevensey

---

[1] Vgl. Institutions militaires de la France, par Ed. Boutaric.
Paris 1863, S. 191: Philipp August, in seiner Eigenschaft als
Herzog der Normandie, verfügte über 581 Ritter, der Herzog
von der Bretagne nur über 166. — Vgl. auch Delbrücks Unter-
suchung über die Stärke des 1. Kreuzheeres, Band 47 der
Historischen Zeitschrift (Jahrgang 1882, 3. Heft).

[2] Will. Pict. (S. 125): mehr als 1000.
Guil. Gemmet. (Buch. VII, Kap. 34) }
Baldr. (V. 351) } : 3000.
Brev. relatio: 1000.
Hugo Flor. (M. G. S. S. IX, S. 390): 700.

ging an einem Tage vor sich. Delbrück führt an (Perser-
und Burgunderkriege, Berlin 1887, S. 65), die Ausschiffung
des einige 60 000 Mann starken Heeres der Alliierten in
der Krim im Jahre 1854 mit nur wenig mehr als 1000
Reitern und 128 Geschützen dauerte 5 Tage bei meist gutem
Wetter. Man mag einwenden, der Landungsplatz in der
Krim lag nicht sehr günstig, durch die Geschütze traten
Verzögerungen ein —, immerhin wird man zugeben, dass
auch dieser Grund unser Misstrauen gegenüber den hohen
Angaben über Wilhelms Heer verstärken wird. — Ferner
sei erwähnt, am 14. Oktober marschierte Wilhelms Heer in
einigen wenigen Morgenstunden von Hastings nach Telham
(vgl. S. 25). Ein grösseres Heer von etwa 40—50 000 Mann
konnte unmöglich bei den sicherlich miserablen Wegen eine
Entfernung von etwa 11 Kilometern in so kurzer Zeit
zurücklegen. — Endlich kann auch uns das Domesday Book,
diese am Ende von Wilhelms Regierungszeit verfasste Ueber-
sicht über die Verteilung des englischen Landbesitzes, einen
ungefähren Anhalt gewähren. Wie Gneist in seiner „Englischen Verfassungsgeschichte" (Berlin 1882, S. 103 ff.) ausführt, waren dem Domesday Book zufolge durch die normannische Eroberung durchgreifende Aenderungen nur im
grossen Besitz eingetreten. Es gab

Tempore Eduardi		Tempore Wilhelmi	
Chief and other proprietors	1599		
King's thanes . .	326	Kronvasallen	600
Milites	213		
Tenentes et Subtenentes	2899	Subtenentes .	7871
	5037		8471

Die grössere Zahl zur Zeit Wilhelms erklärt sich durch
die normannische Invasion: unter den Kronvasallen ist die
überwältigende Mehrheit, unter den Subtenentes etwa die
Hälfte der Namen normannisch. Wir können also annehmen,
dass etwa 4000 normannische Krieger von Wilhelm mit

Land versorgt worden sind. Da nun weder anzunehmen ist,
dass Wilhelm den einen oder den andern seiner Mannen
unversorgt liess, noch dass eine irgendwie erhebliche Anzahl von Wilhelms Kriegern nach Beendigung des Feld-
zuges von 1066 in ihre Heimat zurückkehrte, so ergiebt
sich für Wilhelms Heer, rechnen wir noch eine grosse Anzahl im Kriege Gefallener hinzu, kaum eine grössere Stärke
als 7—8000 Mann. — So erfährt zuletzt auch noch durch
das Domesday Book unsere Vermutung, dass die von den
Quellen geringst angegebene Zahl der Wahrheit am nächsten
kommt, noch eine erhebliche Verstärkung.

Unser Schlussergebnis würde also sein, dass Wilhelm,
der doch auch Besatzungen in Pevensey und Hastings
zurückgelassen haben musste, am Morgen des 14. Oktobers
nicht viel mehr als 6—7000 Mann ins Treffen führte.

Jede Angabe fehlt uns darüber, ob das Fussvolk oder
die Reiter in Wilhelms Heere zahlreicher vertreten waren.
Auf der Stickerei sehen wir freilich mehr Krieger zu Pferde
als zu Fuss. Doch zieht man die oben (vgl. S. 28) erwähnten Angaben Boutarics in Betracht, bedenkt man ferner
die nach dem Domesday Book so geringe Anzahl der Kronvasallen Wilhelms, so wird man eher zu der Vermutung
neigen, dass die Reiter bei weitem in der Minderzahl waren. —

b) Das englische Heer.

Den Kern von Harolds Heer bildeten die königlichen
Hauskarls[1]. Kanut der Grosse hatte sie in England als
eine Art von Leibwache um sich gesammelt. Ihre Zahl
wird unter Knut auf 3000, ja auf 6000 angegeben. Doch
wenn man bedenkt, dass der König sie als zu seinem Haus-
halte gehörig betrachtete, also für ihre Verpflegung zu
sorgen hatte, so wird man zu der Vermutung neigen, dass
sie eine so ungewöhnlich hohe Stärke nur bei einzelnen be-

---

[1] Auf englisch: Housecoorls.

sonderen Gelegenheiten erreichten, für gewöhnlich aller-
höchstens einige Hundert Mann stark waren.

Die Institution der Hauskarls wurde unter den folgenden
Königen beibehalten.[1] So fochten sie auch bei Hastings,
und zwar zu Fuss, mit. Wie die Stickerei zeigt, trugen
sie Helm, Schild und Panzerhemd von derselben Form wie
die Normannen. Nur haben einige von ihnen, anstatt
der unten spitz zulaufenden, rundgewölbte Schilde. — Für
den Fernkampf führen sie den Wurfspeer: für den Nahkampf einige ein breites Schwert, die Mehrzahl jedoch die
Streitaxt. Wurde diese im Zweikampfe mit beiden Händen
geschwungen, so musste der Krieger die Deckung durch
den Schild aufgeben und diesen über den Rücken hängen. Die
Stickerei zeigt uns (Pl. 74) nur einen Engländer, der den
Schild hält und die Streitaxt zugleich handhabt.

Unter den auf der Stickerei abgebildeten Schwerbewaffneten werden wir ausser den Hauskarls die Thegns
zu erkennen haben. Diese waren die Besitzer von mindestens 5 Hide Land — also die Grossgrundbesitzer der
damaligen Zeit — und als solche zum Kriegsdienste ver-
pflichtet[2]. Zu diesen Thegns gesellten sich als Schwerbewaffnete auch noch einige Mönche. So hören wir vom
Abte Elfwy, vom Kloster New-Minster, er sei mit 12 hand-
festen Mönchen seinem König und Herrn zu Hilfe gezogen[3].

---

[1] Vgl. Flor. Wig., zum Jahr 1044: Hardacnut, der englische
König, sandte 2 Hauskarls zum Steuereintreiben aus. — Harold
führte ferner als Eorl seinen Feldzug nach Wales hauptsächlich
mit Hauskarls, vgl. Freeman II, 468.

[2] Ueber die Thegns vgl. „The Constitutional History of
England" by William Stubbs. Oxford 1880, I, 180 ff. U. a. bemerkt Stubbs (S. 182): „the name of thegn covers the whole
class which after the Conquest appears under the name of
knights."

[3] Vgl. Introduction zum Liber Hyde, S. 37,8. — Bei Will.
Pict. (S. 132) finden wir die merkwürdige Nachricht, Wilhelm

Neben den Schwerbewaffneten sehen wir in der Stickerei
auch Leichtbewaffnete. Sie sind das Volksaufgebot, der
Fyrd[1], d. h. Bürger und Bauern, die auf die Kunde von
dem feindlichen Einfall zur Verteidigung des Vaterlandes
zusammengeströmt waren. Ihre Bewaffnung ist die denkbar
bunteste: sie führen Wurfspiesse, Keulen, Knittel, vereinzelt
sehen wir sie mit Bogen, Schwert oder Axt bewaffnet. Den
Kopf bedeckt eine leichte Kappe. Einige von ihnen decken
sich auch mit Schilden. — Ueber das Zahlenverhältnis, in
dem Schwer- zu Leichtbewaffneten standen, sagen die
Quellen nichts. Wenn wir auch in der Stickerei mehr
Schwer- als Leichtbewaffnete abgebildet sehen, so ist es doch
wahrscheinlicher, dass das Volksaufgebot, d. h. die Leichtbewaffneten, die grosse Masse des Heeres bildete. — Harolds
Heer war Wilhelm von Poitiers (S. 132) zufolge so zahlreich, dass es die Flüsse, welche es überschritt, austrank.
Das Carmen erzählt (V. 223) von 1 200 000 englischen
Kriegern, Wilhelm von Jumieges nennt ihre Menge unzähl-
bar (7. Buch, 35. Kap., S. 286). — Dagegen berichten englische Quellen, wie die Anglo-Saxon Chronicle (S. 463),
ferner Florentius von Worcester (S. 614), die Chronik von
Peterborough (S. 54/5), endlich auch Wilhelm von Malmesbury (II, 300), — und auf sein Zeugnis muss bei seinem
sonstigen normannenfreundlichen Standpunkt grosses Ge-

hätte auch Bundesgenossen aus dem stammverwandten Lande
der Dänen („terra cognata Danorum") bei sich gehabt. Freeman bemerkt hierzu (III, 759): „the few Yorkshire volunteers
who followed Harold may have got magnified into an army fresh
from Denmark."

[1] Ueber den Fyrd vgl. Stubbs I, S. 219 „every owner
of land was obliged to the fyrd or expedition." S. 223:
„still, as in the most primitive times, the host contained
the free people, fighting in their local organization, as the
specially qualified, specially bound, servants and companions
of their leaders."

wicht gelegt werden —, der Engländer wären sehr wenige
gewesen, denn Harold habe das Treffen geliefert, bevor sein
ganzes Heer zusammen war[1].

Die verschiedensten Gründe sprechen dafür, den englischen Quellen grösseren Glauben beizumessen. — Zuerst
war die Kriegsverfassung Englands „der schwächste Punkt
des angelsächsischen Staatswesens". (Gneist, in seiner
Englischen Verfassungsgeschichte S. 90.) „Die Kirche war
ein Hauptthindernis für die immer dringender gewordene
Aenderung des Heerwesens, indem sie durch ihre Aus-
dehnung den Staatsbesitz am Folkland aufsog und damit
dem Königstum die Mittel entzog, die nötige Anzahl kriegs-
geübter Mannschaften zu halten". — Hierzu kommen nun
noch die besonders ungünstigen Verhältnisse des Jahres
1066! Harold hatte bei Stamfordbridge bedeutende Verluste
erlitten; Eadwin und Morkere waren ihm nicht auf dem
Marsche gegen Wilhelm gefolgt. So konnte er nur über
die Streitkräfte Südenglands verfügen, d. h. desjenigen Teiles
der Insel, der verhältnismässig am wenigsten kriegerische
Widerstandsfähigkeit besass, weil seine Bevölkerung sich
nicht mit den rohen, kriegslustigen dänischen Eindringlingen
gemischt hatte. — Alle diese Gründe werden uns zu dem
Schlusse führen, dass die Engländer den Normannen kaum
numerisch überlegen sein konnten, also auch nicht viel
mehr als 6—7000 Mann zählten. Wären sie viel zahlreicher
gewesen als die Scharen Wilhelms, so würde Harold nicht
so vorsichtig mit ihnen eine Defensivstellung eingenommen
haben, noch dazu auf einem engen Hügel, der bei einer
Breite von etwa 150 m nur ungefähr $1^1/_2$ Kilometer lang
war[2]. Endlich, könnte man noch anführen, wäre eine so

---

[1] Vgl. Freeman (III, 752), der auch erwähnt, dass laut Wace
Harold selbst sich rühmt, er hätte 400000 Mann!

[2] Florenz von Worcester berichtet sogar (S. 614): quia
in arto loco constituti fuerant Angli, de acie se multi sub-
straxere.

furchtbare Niederlage, wie sie doch die Engländer in der
Schlacht erlitten haben, unmöglich gewesen bei einer
starken numerischen Ueberlegenheit ihrerseits.

Zurückzuweisen ist freilich Freemans Ansicht (III,
442, 447/8), dass Harold in berechnender Absicht nicht
mehr Streiter gegen Wilhelm geführt hätte, weil für die
von ihm gewählte Stellung, für die Art der Kriegsführung,
die er plante, überwältigende Zahlen keineswegs erwünscht
waren. Ihm gegenüber sei an die Ausführungen Clause-
witzs erinuert, die mit den Worten schliessen: „Die erste
Regel würde also sein, mit einem Heere so stark wie möglich zu Felde zu ziehen." („Vom Kriege", Berlin 1880.
I, 232.)

V.

Taktik beider Heere.

Um ein vollständiges Bild von den beiden Heeren zu
gewinnen, wird es erübrigen, ihre Taktik zu erörtern.

Engländer wie Normannen waren Einzelkämpfer: sie
waren noch nicht zur Bildung von „taktischen Körpern"
vorgeschritten[1].

Ein taktischer Körper ist zu definieren als eine Vielheit
von Kriegern mit einem einheitlichen Willen. Taktische
Körper können nicht von heute zu morgen gebildet werden,
denn nicht ohne weiteres wird der Einzelne sich dazu ver-
stehen, seine persönlichen Neigungen und Bestrebungen
unterzuordnen dem Willen der Gesamtheit, seinen persönlichen Mut, seine persönliche Tapferkeit als Einzelkämpfer
zurücktreten zu lassen gegen die Festigkeit des Zusammen-

---

[1] Das Folgende z. T. wörtlich nach Delbrück, „Perser- und
Burgunderkriege."

halts in dem Haufen, dem taktischen Körper. Erst durch
eine unendliche Arbeit und Mühe, bestehend in fortwähren-
dem Drillen und Exerzieren, wird es ein Führer erreichen,
dass auch im Kampfe selbst fortwährend die Rücksicht auf
den Zusammenhang beobachtet wird, eine Unterordnung des
Einzelnen unter die höhere Einheit stattfindet, kurz, dass
die Organisation eines taktischen Körpers hergestellt wird.
Ein Beispiel wird am besten die grosse Bedeutung desselben
erläutern:

Denken wir uns, ein Held von der Stärke des Achilles
stürmt los auf einen Haufen von 100 Kriegern. Sind diese
100 Krieger Einzelkämpfer, was wird geschehen? Werden
sie alle auf ihn zustürzen, ihn durch die Menge zu er-
drücken? So ruft vielleicht einer oder der andere. Aber
wer will der vorderste sein? Im Gegenteil: während die
Mutigsten riefen „drauf", werden andere schon nach einem
Platz nicht in der allervordersten Reihe suchen, und irgend
ein Anstoss, ein böses Omen, ein schlechtes Beispiel genügt,
die ganze Schar Kehrt machen zu lassen, und in wilder
Flucht stäubt die Masse vor dem Einen auseinander. Einer,
zwei, die sich freiwillig opferten, hätten den Sieg sichern
können. Jetzt schlachtet der Verfolger die Fliehen-
den in Menge fast wehrlos dahin. — Stellen wir uns nun
dagegen vor, eben diese 100 Krieger hätten eine Verab-
redung vor dem Kampfe getroffen, den furchtbaren Feind
gemeinschaftlich zu bestehen. Zu diesem Zweck hat man
sich in einer bestimmten Ordnung aufgestellt, sich geübt,
diese Ordnung in allen Bewegungen festzuhalten, sich ver-
pflichtet, dem Befehl eines Einzelnen unbedingt zu gehorchen:
die kleinste Abweichung von dieser Ordnung ist bereits ein
oder das andere Mal mit einer furchtbaren Strafe geahndet,
die Ordnung und der augenblickliche Gehorsam daher zu
einer instinktiven Gewohnheit geworden.

Die 100 Krieger bilden also jetzt einen taktischen
Körper! Stürmt jetzt wieder derselbe Held auf sie los, so

— 36 —

ist, selbst wenn die ersten Reihen schwach und zweifelhaft werden sollten, rein äusserlich ein mechanischer Zusammenhang geschaffen, der dem schwachen Geist als Stütze dient: hinter den ersten Reihen stehen andere, welche, in der glücklichen Lage, der Gefahr ferner zu sein, die vorn stehenden Kameraden festhalten, sie nicht umkehren lassen, ihnen zurufen, ihre Hülfe in Aussicht stellen und damit ebensowohl die Ihrigen vorwärts bringen als den Gegner abschrecken. Nicht eine Anzahl Individuen steht ihm gegenüber, sondern eine durch Uebung, Disziplin und Korpsgeist verbundene Einheit, und in dieser Form sind dieselben Männer, die ein Achilleus ehedem wie der Wolf die Herde vor sich her scheuchte, imstande, ihm jetzt nicht nur zu widerstehen, sie überwinden ihn und werden sicherlich sogar eine sehr viel grössere Menge, die in derselben Weise, wie sie selbst früher, zusammenhangslos ficht, vor sich her jagen.

Dass nun solche taktischen Körper weder im englischen noch im normannischen Heere vorhanden waren, lässt sich ganz allgemein schon aus der Stellung der beiderseitigen Heerführer entnehmen.

Diese waren, wie sich aus den Quellen mit voller Evidenz ergiebt, Mitstreiter im Kampfe. Sie hätten das nie sein können, wenn sie taktische Körper unter ihrem Kommando gehabt hätten, d. h. wenn ihnen die Aufgabe einer taktischen Leitung ihrer Truppen im Gefechte geworden wäre. Unmöglich war es für Harold wie für Wilhelm, zugleich, wie Freeman sagt (III, 492), „die Rolle eines Generals und eines gemeinen Soldaten im Kampfe zu spielen".

Betrachten wir die einzelnen Bestandteile, aus denen sich die Heere zusammensetzten, so wird sich ergeben: sie konnten keine taktischen Körper bilden.

Zuerst die Ritter Wilhelms! „Das Rittertum ist diejenige Erscheinung des Kriegertums, welche unter weitester Zurückdrängung der äusseren Ordnung und Führung alles

Gewicht auf die Tapferkeit und Geschicklichkeit des Einzelnen legt" (Delbrück, S. 39). — Die Ritter lebten einzeln für sich auf ihren weithin über das Land verstreuten Sitzen. Ihre ganze Erziehung ging darauf aus, einen trotzigen Unabhängigkeitssinn, höchste Geltung der Person, Wetteifer der persönlichen Auszeichnung zu erwecken. Versammelten sie sich dann zu einem Kriegszuge, so fehlte ihnen jeder Mittelpunkt, — wie ihn eine Schwadron z. B. in dem Rittmeister besitzt —, dessen Direktive sie gewohnt gewesen wären, mit unbedingter Pünktlichkeit zu folgen. Unbekümmert um einander zog jeder von ihnen auf eigene Faust in den Kampf. Es erinnert uns an die Schlachten vor Troja, — auch Gefechte von Einzelkämpfern —, wenn wir im Carmen Hast. lesen, . . . dass der Ritter Taillefer sich vom Herzog das Recht erbat, allen voran als Vorkämpfer streiten zu dürfen.

So hatte in der Schlacht selbst Wilhelm kaum irgend welchen Einfluss auf seine Barone. Das einzige, was ein Fürst selbst von seiner eisernen Energie nur thun konnte, war, ihren Kampfesmut durch sein persönliches Beispiel zu erhöhen.

Wenn der Kern des normannischen Heeres, die Ritter, keine taktischen Körper bildeten, so erscheint dies beim normannischen Fussvolk von vornherein ausgeschlossen. Wie hätte es auch Wilhelm fertig bringen sollen, aus diesem zusammengewürfelten, rohen Kriegsvolk in der Zeit von knapp zwei Monaten - - denn nicht länger hatte er sie unter seinen Fahnen gehabt — taktische Körper zu bilden? Die Mehrzahl von dem Fussvolk waren überdies Schützen, und diese eigneten sich — gleich den Rittern — besonders wenig zur Bildung taktischer Körper, da der Schütze naturgemäss Einzelkämpfer ist (vgl. Delbrück, S. 2). —

Kommen wir zu dem englischen Heere, so wäre zuerst die Frage zu erörtern, ob die Hauskarls zu einem taktischen

Körper verbunden waren. Dies erscheint bei ihrer geringen
Anzahl von vornherein wenig wahrscheinlich. Ist es doch
weit schwieriger, aus z. B. 100 Kriegern einen taktischen
Körper zu bilden als aus 1000! Ueberdies standen die
Hauskarls zu ihrem Brotherrn nicht etwa in demselben Ver-
hältnis wie die Mannschaften einer preussischen Kompagnie
zu ihrem Hauptmann. Wie Kemble ausführt, in seinem
Werke „The Saxons in England" (London 1876, II, 118),
finden wir in einer Charter Edwards des Bekenners das
Wort Hauskarl durch praefectus palatinus übersetzt: ferner
wird in der Anglo-Saxon Chronicle Hauskarl wiedergegeben
durch Hérédman, d. h. vertrauter Freund, Hausgenosse.
Da dies alles auf einen verhältnismässig hohen Rang der
Hauskarls hindeutet, so wird ihre Stellung ihrem Herrn
gegenüber vielleicht eher mit derjenigen zu vergleichen sein,
welche das preussische Offizierkorps zu seinem Kriegsherrn
einnimmt. Und ebenso wenig wie aus preussischen Offizieren
hätte man taktische Körper aus Hauskarls zusammensetzen
können. Freilich wäre es immerhin denkbar, dass in einem
Augenblick der höchsten Lebensgefahr des Führers in den
Hauskarls die treue Anhänglichkeit zu ihrem Brotherrn die
individuellen Regungen überwiegt, dass für alle so nur ein
Ziel das massgebende sein wird, nämlich die Errettung des
Herrn. In diesem Falle würden sie eine Vielheit von
Kriegern mit einem einheitlichen Willen, d. h. einen taktischen Körper darstellen, aber immerhin nur so lange, bis
der Herr von den ihn bedrängenden Feinden befreit ist.

Für die englischen Thegns werden dieselben Ausführungen wie oben für die normannischen Ritter Geltung
besitzen.

Dass endlich aus dem eben zusammengelaufenen Volks-
aufgebote in den wenigen Tagen, welche es vor der Schlacht
unter den Fahnen war, taktische Körper gebildet werden
konnten, wird niemand im Ernste behaupten wollen.

So bestanden also die beiden Heere. welche sich am
Morgen des 14. Oktobers 1066 gegenübertraten, ausschliesslich aus Einzelkämpfern.

VI.
Stellung der Engländer.

Harold besetzte vom Norden kommend mit seinem
Heere den Hügel von Senlac. Um auf ihn zu gelangen,
hatte er einen schmalen Kamm, eine Art von Isthmus zu
passieren, welcher, auf beiden Seiten mit ziemlich steilem
Abfall, den Senlacer Hügel mit dem waldreichen, bergigen
Hinterland im Norden verbindet[1]. Der Hügel bietet nur
eine schmale, durchschnittlich nicht viel mehr als 150 Meter
breite, unbewaldete Standfläche dar. Auf seinen höchsten
Punkt, — wo später das noch heute stehende Kloster
Battle erbaut wurde —, mit einer Erhebung von etwa 60
Metern über das umliegende Thalland, gelangt man direkt
von dem oben erwähnten Isthmus aus. Von diesem höchsten
Punkte aus senkt sich der Hügel allmählich nach beiden
Seiten hin ab. Seine so öst-westlich ziehende. nach Süden
hin gerichtete Front hat eine Länge von 1500 Metern.
Eben auf dieser südlichen, Hastings und dem Kanal zuge-
kehrten Seite ist der Abfall sanft, während sich auf der
nördlichen Seite, besonders westlich des oben erwähnten
Isthmus, Schluchten befinden[2].

---

[1] Auf diesem sgn. Isthmus zieht sich heute der grösste
Teil des Landstädtchens Battle hin.

[2] Für die ganze Beschreibung des Schlachtfeldes vgl. auch
Freeman III, 455. Auf der dort gegebenen Karte ist eine
kleine Höhe. mit cc bezeichnet. als dem westlichen Teile des
Senlacer Hügels nach Süden vorgelagert eingezeichnet. Dem

Ueber die Art und Weise, in welcher die Engländer auf diesem Senlacer Hügel aufgestellt waren, erfahren wir aus den Quellen folgendes: Will. Pict. (S. 133): Angli locum editiorem praeoccupavere .. Equorum spe relicta cuncti pedites constitere densius conglobati.

Carm. Hast. (V. 367): Anglis ut mos est densatim progredientes — Haec loca praeripiunt Martis ad officium — Nescia gens belli solamina spernit equorum ... Ascendit montem rex bellaturus in hostem, — Nobilibusque viris munit utrumque latus; In summo montis vexillum vertice fixit — Affigique iubet caetera signa sibi. — Omnes descendunt et equos post terga relinquunt, — Affixique solo bella ciere tubis.

Die Stickerei kann uns hier wenig helfen, da sie ja keine Perspektive kennt. Den grössten Teil des Heeres stellt sie als in der Ebene fechtend dar. Schwerbewaffnete Lanzenschwinger stehen öfters zusammen und halten ihre Schilde vor; gepanzerte, die Axt schwingende Krieger kämpfen dagegen für sich allein. Den Schwerbewaffneten voran wehen zwei Banner. — Die Leichtbewaffneten kämpfen z. T. vermischt mit den Schwerbewaffneten: eine grössere Anzahl von ihnen hält eine Anhöhe besetzt. —

Baldr. (V. 403): Hastarum multos densissimus ordo fefellit — Nam, nisi luceret, lancea silva fuit — Hostis equo abiecto cuneum densatur in unum.

So erfahren wir aus unseren besten Quellen übereinstimmend nur das Folgende: Die Engländer standen

Verfasser dieser Arbeit gelang es bei einem Besuche des Schlachtfeldes nicht, diesen Aussenposten des grossen Hügels aufzufinden. Verfasser wagt nicht zu entscheiden, ob ein Irrtum seinerseits oder ein Versehen bei Freeman vorliegt. In den Quellen selbst findet sich keine Andeutung dafür, dass dieser vorgelegte Hügel, mag er nun liegen, wo er will, irgend welche Rolle in der Schlacht gespielt hat. — Vgl. Round, Quart. Rev. 177, 99.

zu Fuss[1] in dichten Massen auf der Anhöhe von
Senlac[2]. Näheres Detail über die Aufstellung erfahren wir weder aus den zeitgenössischen Quellen, noch
geben uns spätere Quellen irgend welche beachtenswerte
Aufschlüsse darüber. Vermutungsweise könnte man aus-
sprechen,
die Hauskarls fochten ihrer Eigenschaft als Leibwache
gemäss um Harold geschart.

Den Mittelpunkt eines Haufens von aus derselben Gegend
zusammengeströmten Leichtbewaffneten bildete der unter ihnen
angesessene Grossgrundbesitzer, der schwerbewaffnete Thegn.
Diese kleineren Haufen waren wieder zu einer grösseren Einheit dadurch verbunden, dass sie zu einer bestimmten Graf-
schaft (Shire) gehörten, so demselben Alderman unterstanden.

Es bleibt uns zum Schluss die Aufgabe, die Unmöglichkeit der einzelnen Ansichten zu erweisen, welche von den
verschiedenen Forschern über die englische Aufstellung
vorgebracht worden sind.

Freeman geht von folgender Voraussetzug aus (III,
443): Harold war sich schon bei seinem Abmarsche von
London klar darüber, dass er auf dem Senlacer Hügel
Halt machen und am 14. Oktober schlagen würde. In
allem, was Harold je unternimmt, sieht nämlich Freeman

---

[1] Dass sie, soweit sie beritten waren, ihre Pferde hinter der
Schlachtordnung zurückgelassen hatten, findet seinen Grund
darin, dass sie nicht geübt genug waren, zu Pferde zu
kämpfen.
[2] Es kann gegenüber der überwältigenden Masse von anderen
Zeugnissen nicht ins Gewicht fallen, dass uns die Stickerei nur
einen kleinen Teil der Engländer als auf einer Anhöhe stehend
zeigt.

tiefdurchdachte, wohlüberlegte Absicht. — Zweierlei lässt sich gegen diese Voraussetzung einwenden. Erstens bieten die zeitgenössischen Quellen keinerlei Stütze für sie. Wilhelm von Poitiers berichtet vielmehr (S. 131), Harold stürzte voll Wut auf Wilhelm los und plante sogar einen nächtlichen Ueberfall seines Lagers[1]. Nach dem Carmen (V. 335 ff.) werden die aus dem Walde hervorbrechenden Scharen Harolds gezwungen, auf dem Senlacer Hügel Halt zu machen und sich zum Kampfe zu stellen, als sie jenseits auf den Höhen von Telham die Normannen erblicken. — So ist nach unseren Quellen die Schlacht von Hastings eine reine Rencontreschlacht[2].

Zweitens sprechen innere Gründe gegen Freemans Voraussetzung! Das Schlachtfeld war ja freilich in der Landschaft gelegen, in welcher Harold von seinem Vater her die meisten Besitzungen hatte. Dennoch müsste man ihm ein geradezu übermenschliches Gedächtnis zutrauen, wollte man annehmen, er hätte die Lage des Senlacer Hügels genau im Gedächtnis haben sollen, zumal dieser eine der unzähligen Erhebungen von Sussex ist und zu Harolds Zeit laut der Anglo-Saxon Chronicle (S. 463) durch nichts weiter ausgezeichnet war, als dass ein alter Apfelbaum auf ihm stand. Ausserdem waren die taktischen Vorzüge des Senlacer Hügels sicherlich nicht so überwältigender Art, — man denke nur an die schlechte Rückzugslinie über den Isthmus hin —, dass sie von früh auf sich dem Gedächtnis

---

[1] Dies würde stimmen zu dem, was wir sonst über Harolds Charakter hören: „Porro de vitio praecipitationis sive levitatis, quis hunc vel illum sive quemvis de Godwino patre genitum sive eius disciplina et studio educatum arguerit", heisst es über Harold in der von Freeman (II, 43) zitierten vita Eadwardi.

[2] Vgl. die oben Seite 88,9 aufgeführten Quellenstellen. Ausserdem vgl. Chron. de Abingdon (Seite 483): ille (d. i. Harold) . . . minus provide quam decuerat aggressus comitem . . . . —

Harolds unauslöschlich eingeprägt haben mussten. Doch
setzen wir selbst den kaum glaublichen Fall, Harold hätte
sich des Senlaeer Hügels erinnert —, wie konnte er ihn
schon in London als den Platz seiner Aufstellung in Gedanken festsetzen? Wenn er nun Wilhelm schon einige
Meilen diesseits des Hügels getroffen hätte? Oder wenn
Wilhelm garnicht die Küste verlassen hätte? Diese beiden
Fälle waren doch an sich mindestens ebenso wahrscheinlich
wie der Fall, dass er mit den Normannen auf dem Senlaeer
Hügel zum Schlagen kommen würde.

„Auf diesem seinem erwählten Schlachtengrund", so
geht Freemans Argumentation weiter (III, 447), „hatte sich
Harold folgendermassen befestigt: er umgab den Hügel
auf allen seinen zugänglichen Seiten durch eine dreifache
Pallisade mit drei Eintrittspforten und verteidigte ihn gegen
Süden durch einen künstlichen Graben." Weiter heisst es:
„Die Abhänge, stark an und für sich, waren noch weiter
gestärkt durch die festen Barrikaden aus Eschen- und
anderem Holz, die so fest ineinander gefügt waren, dass
man nicht eine Spalte sehen konnte."

Nur Wace erzählt am Anfang seiner Schlachtschilderung
von all diesen Befestigungen[1]: im weiteren aber spielt sich
die Schlacht bei ihm ab, als hätte es nie Pallisaden gegeben. (Vgl. z. B. V. 8065.)

---

[1] Vgl. V. 7815: „fait orent devant els escuz — de fenestres
e d'altres fuz — devant els les orent levez — comme cleies ioinz e
serrez" u. s. f. Nach Gaston Paris (Histor. Rev. IX, 260,
April 94) bezieht sich diese Stelle auf eine Art von Pallisaden,
da escuz im übertragenen Sinne aufzufassen ist. [G. Paris
übersetzt es mit „remparts."] — Freeman stützt sich auch noch
auf Heinrich von Huntingdon, welcher sagt (S. 763): „. . cum
Haroldus totam suam gentem in una acie strictissime locasset
et quasi castellum inde construxisset." Inde kann sich
jedoch nur auf die Truppen Harolds beziehen. Vgl. Round
in der Quart. Rev. 175, 13. —

Da Waces Zeugnis für uns nicht massgebend ist, da ferner die zeitgenössischen Quellen berichten (vgl. oben S. 42), dass die Schlacht gleich nach dem Besetzen des Senlacer Hügels durch die Engländer begann, diesen also jede Zeit dazu fehlte, Pallisaden zu errichten oder Gräben zu ziehen[1], so muss die ganze Erzählung Freemans über die englischen Befestigungen verworfen werden.

Freeman zufolge (III, 455) standen nun hinter den angeblichen Pallisaden Harolds Scharen in folgender Weise aufgestellt: auf der höchsten Erhebung des Hügels, also im Zentrum der Aufstellung, standen die Hauskarls. Rechts und links von ihnen dehnten sich die Reihen der Leichtbewaffneten aus. Weiter erzählt uns Freeman (III, 471), das ganze Heer hätte den Schildwall gebildet.

Die Verteilung der Leicht- und Schwerbewaffneten auf dem Hügel ist eine auf keinerlei Quellenangabe gestützte Vermutung Freemans. Den Vorzug innerer Wahrscheinlichkeit besitzt sie gerade nicht: sollte Harold seinen schlechtesten Truppen die am leichtesten angreifbaren Positionen angewiesen haben, während er sich selbst mit seinen Kerntruppen die höchste Stelle des Hügels aussuchte?[2]

Nun zu dem vielumstrittenen Schildwall! Unsere zeitgenössischen Quellen wissen nichts von ihm. Die Stickerei zeigt uns, wie oben S. 43 erwähnt, wohl Gruppen von Engländern, die dichter zusammenstehen und ihre Schilde aneinander halten, doch von einem durchgehenden Walle von Schilden sehen wir nichts! — Erst Wilhelm von Malmesbury erzählt uns (II, 302): „pedites omnes cum bipennibus, conserta ante se scutorum testudine, impenetrabilem cuneum faciunt."

Von vornherein bedenklich gegen diesen Schildwall wird uns machen, dass er erst in einer verhältnismässig so

---

[1] Vgl. Round, Quart. Rev. 175, 11 (July 92).
[2] ebenda 175, 16.

späten Quelle wie Wilhelm von Malmesbury zum ersten
Male erwähnt wird. Dieses Bedenken wird sich verstärken,
wenn man die Theorie vom Schildwall auf ihre innere
Glaubwürdigkeit prüft.

Ganz unmöglich ist es zuerst, mit Freeman Pallisaden
und Schildwall zugleich anzunehmen. Man denke sich nur:
die Feinde stürmen gegen die Pallisaden vor. Die Engländer benutzen diese etwa nicht als Deckung gegen feindliche Hiebe, sie beeilen sich nicht, jedem Feinde, der die
Pallisaden überstiegen hat, ein schnelles Ende zu bereiten —,
nein, sie stehen einige Schritte hinter den Pallisaden[1], un-
beweglich den Schildwall bildend. Die Normannen können
so in aller Gemütsruhe, höchstens durch einige feindliche
Geschosse gestört, die Pallisaden überklettern oder gar um-
hauen, um dann den Schildwall zu bestürmen. — Muss man
sich da nicht fragen: warum haben sich denn die Engländer die grosse Arbeit der Herstellung von Pallisaden
überhaupt gemacht?

Doch auch die Annahme eines blossen Schildwalls ohne
Pallisaden — wie sie Round in der Quarterly Review (175,
12, 18: July 92) vertritt —, ist unhaltbar. Nur ein in lang-
wierigen militärischen Exerzitien geschultes, also aus taktischen Körpern zusammengesetztes Heer würde imstande
sein, eine so ausserordentlich schwierige Formation, wie sie
ein lang fortlaufender, gerader Schildwall ist, zu bilden[2].
Dann lassen sich folgende Angaben unserer zeitge-

---

[1] Aus Freemans ganzer Darstellung geht hervor, dass er
zwischen Schildwall und Pallisaden einen Zwischenraum annimmt.
Es wäre ja auch unmöglich zu denken, dass die Engländer ihre
Schilde direkt an die Pallisaden herangehalten haben.

[2] Nach Freeman (III, 491) besitzt der Schildwall anscheinend
auch die Fähigkeit, seine Front zu verändern: zu Beginn
des Treffens ist diese nach Süden, zu Ende nach Westen gerichtet.

nössischen Quellen nicht mit der Annahme eines Schildwalls vereinigen: nach Wilhelm von Poitiers (S. 133) überschütten die Engländer zu Beginn des Treffens den Feind
mit einem Hagel von Geschossen aller Art. Zudem zeigt
die Stickerei, wie sie sich die ganze Schlacht hindurch mit
den von beiden Armen geschwungenen Streitäxten zur
Wehr setzen. Beides wäre schlechterdings nicht möglich,
wenn sie einen Schildwall gebildet hätten.

Doch, könnte man zuletzt einwenden, wird nicht in den
ältesten Schlachten, welche die Angelsachsen geschlagen
haben, der Schildwall erwähnt?[1] Archer giebt in der
Historical Review (IX, 21. Jahrgang 1894) hierauf folgende
Antwort: „Der Schildwall ist ursprünglich ein dichterischer
Ausdruck. Ebenso wie unsere Vorfahren die Sonne Gottes
Licht, eine Schlacht ein Schwerthandspiel nannten...., so
nannten sie die schildgedeckte Reihe von Kriegern einen
Schildwall, weil sie feststand wie ein Wall und den An-
sturm des Feindes zurückwies.“ —

Oman, in seinem Werke betitelt „Art of War in the
Middle Ages" (Oxford 1885), und Round, in der Quarterly
Review (175,18: July 92). nehmen übereinstimmend an, die
Hauskarls standen in erster Linie, hinter ihnen waren die
Haufen von halbbewaffneten Bauern postiert. — Abgesehen
dass sich für diese Ansicht keinerlei Stütze in den Quellen
findet, hat sie die innere Wahrscheinlichkeit gegen sich:
die Bauern konnten an solcher Stelle, solange die vordere
Reihe ungebrochen dastand, höchstens über diese hinweg
ihre Geschosse aufs Geradewohl gegen den Feind senden.
von Wurfspiessen überhaupt keinen Gebrauch machen.
Durchbrach aber der Feind an einer Stelle die vordere
Reihe, so wäre das sicherlich für sie das Signal gewesen,
sich schleunigst auf und davon zu machen[2]. —

[1] Vgl. z. B. die Schlacht von Maldon. Freeman I, 271.
[2] Vgl. auch Delbrück, S. 5.

Köhler endlich, in seinem Werke über die Entwicklung des Kriegswesens (I. 6), spricht folgende Ansicht aus: „die Engländer waren in Haufen eingeteilt. — Der Haufe bestand aus einer quadratischen Basis und einem vorn angesetzten, auf eine Spitze von 2 Mann auslaufenden Spitz. — Die Schwerbewaffneten bildeten den Spitz und die äusseren Glieder des Haufens." Köhler stützt sich hierbei auf Angaben zeitgenössischer und späterer Quellen, die ausdrücklich von den „cunei" der Engländer erzählen [vgl. Carm. Hast. V. 343; Baldr. V. 405; Will. Malm. II, 302]. Doch die Keilaufstellung ist, abgesehen davon, dass sie wegen der Schwierigkeit ihrer Formation lange Exerzitien voraussetzen würde, auch aus inneren Gründen ein Ding der Unmöglichkeit. Man stelle sich nur vor, in welcher schlimmen Lage sich die beiden Männer befinden, welche den Spitz des Keiles bilden! Die Keilaufstellung ist eine Fabel, die vielleicht folgendermassen entstanden ist[1]: rückt ein Gevierthaufe vor, so halten die Flügelmänner, welche, wenn die feindliche Schlachtordnung sie überflügelt, den gefährlichsten Standpunkt haben, aus Vorsicht zurück, und die Mitte prellt etwas vor. So rundet die vordere, dem Feinde zugekehrte Seite sich ab, und der ganze Gevierthaufe erhält eine einem Keil entfernt ähnlich sehende Gestalt.

VII.
Angriffsordnung der Normannen.

Den Engländern gegenüber, welche eine reine Defensivstellung eingenommen hatten, entschloss sich Wilhelm die Offensive zu ergreifen. So stieg er mit seinem Heere die Höhen von Telham herab. Um an den Fuss des Sen-

---

[1] Das Folgende nach den Delbrückschen Vorlesungen an der Berliner Universität.

lacer Hügels zu gelangen, war ein durchschnittlich 2 300
Meter breites, von den mannigfachsten Unebenheiten er-
fülltes Thal zu passieren.[1] — Ueber die Aufstellung, in
welcher die Normannen zum Angriffe vorrückten, lesen wir
in den zeitgenössischen Quellen Folgendes:

Will. Pict. (S. 133): hac autem commodissima ordinatione
progreditur, vexillo praevio quod Apostolicus transmiserat.
Pedites in fronte locavit, sagittis armatos et balistis; item
pedites in ordine secundo firmiores et loricatos; ultimo
turmas equitum, quorum ipse fuit in medio cum firmissimo
robore, unde in omnem partem consuleret manu et voce.

Carm. Hast. (V. 413): laevam Galli, dextram petiere
Britanni — Dux cum Normannis dimicat in medio [vgl. Will.
Pict. S. 133: pedites pariter atque equites Britanni, et quot-
quot auxiliares erant in sinistro cornu].

Balderich sagt uns nichts über die normannische Aufstellung. In der Stickerei (Pl. 62 ff.) sehen wir, wie zuerst
Reiter, dann Bogenschützen, zuletzt wieder Reiter angreifen.
Doch wo Perspektive ins Spiel kommt, ist ihre Autorität,
wie schon oben bemerkt (S. 40), von geringem Gewicht.

Guil. Gemmet. (S. 287): legiones militum in tribus ordi-
nibus disposuit.

Von den späteren Quellen stimmt Wilhelm von Malmesbury ungefähr mit den zeitgenössischen Nachrichten überein.
Er sagt (II, 302): pedites cum arcubus et sagittis primam
frontem muniunt, equites retro divisis alis consistunt.[2]

Von diesen Quellenstellen muss man bei Wilhelm von
Poitiers zuerst die klassische Form in Abzug bringen, in
der er seine Erzählung zu kleiden liebt.

---

[1] „Non cultus ager asperitate sui," so wird das Thal im
Carmen geschildert (V. 366).

[2] Heinrich von Huntingdons Nachricht (S. 762 von „quin-
que catervae equitum" ist weiter nicht beachtenswert.

Er hat vielleicht den pedites firmiores, die doch (vgl. S. 27) kaum ein irgend wie beträchtliches Element im Heere ausmachten, darum eine ganze zweite Reihe eingeräumt, um die römische triplex acies herauszubekommen, — eine Vermutung, welche durch die eben zitierten Worte Wilhelms von Malmesbury ihre Bestätigung finden würde. — Man muss sich ferner hüten, aus Wilhelm von Poitiers' Schilderung herauszulesen, dass die Normannen verschiedene Treffen gebildet hätten. Wie Delbrück Seite 299 seines öfter zitierten Werkes über Perser- und Burgunderkriege ausführt, hat die Treffenaufstellung die Bildung taktischer Körper zur Voraussetzung. —

Also in folgender Weise werden die Quellenstellen zu interpretieren sein:

Das Heer war nach den Landschaften in drei grosse Haufen eingeteilt: den mittleren bildeten die eigentlichen Normannen, rechts von ihnen rückten die übrigen Franzosen vor; der linke Flügel war hauptsächlich aus den Kriegern aus der Bretagne zusammengesetzt. Innerhalb dieser einzelnen Haufen marschierten die zu Fuss kämpfenden Krieger voran, die Berittenen folgten ihnen nach. Dem ganzen Heere wurde das päpstliche Banner vorangetragen

---

VIII.

Die eigentliche Schlacht.

Wir kommen nun zu dem eigentlichen Kampfe. Ueber jeden einzelnen Abschnitt desselben werden die Quellenstellen — mit besonderer Berücksichtigung Wilhelms von Poitiers — zusammengestellt und interpretiert werden. Zum Schluss sollen die so gewonnenen Resultate zu einer zusammenhängenden Darstellung der Schlacht noch einmal zusammengefasst werden.

A. Der erste Angriff der Normannen.

Will. Pict. S. 132. Nach einem Berichte über eine angeblich in antiker Weise gehaltene weitschweifige Ansprache des Herzogs[1] fährt unser Autor fort: „dux cum suis neque loci territus asperitate ardua clivi sensim ascendit. Terribilis clangor lituorum pugnae signa cecinit utrimque: Normannorum alacris audacia pugnae principium dedit". Nach einem Vergleiche der Kämpfenden mit Gerichtsrednern geht es weiter: „pedites itaque Normanni propius accedentes provocant Anglos, missilibus in eos vulnera dirigunt atque necem. Illi contra.. fortiter resistunt: jactant cuspides ac diversorum generum tela, saevissimas quasque secures et lignis imposita saxa. Iis, veluti mole letifera, statim nostros obrui putares. Subveniunt equites, et qui posteriores fuere fiunt primi. Pudet eminus pugnare, gladiis rem gerere audent". Grosses Getöse auf beiden Seiten: „sic aliquamdiu summa vi certatur ab utrisque". —

Das Carmen enthält (V. 379) dieselben Grundzüge der Schilderung wie Wilhelm. Hinzugefügt ist noch ein langer Bericht über die Thaten und den Tod des Vorkämpfers der Normannen, Taillefer[2]. —

Baldr. (V. 407): „neque Normannus consertos audet adire — nec valet a cuneo quemlibet excipere. — Arcubus utantur dux imperat atque balistis".[3] Der Regen von Ge-

---

[1] Vgl. Freeman III, 761. — III, 468 berichtet Freeman über eine Ansprache Harolds, die von Wace stammt. Aus welcher Quelle hat wohl der Troubadour diese Episode geschöpft?!

[2] Ueber Taillefer erzählt ferner Henr. Hunt. (S. 763) und Wace (V. 8035). Vgl. Uhlands Gedicht.

[3] Freeman gegenüber legt Round (Quart. Rev. 177, 73; July 93) mit Recht Gewicht darauf, dass nach Balderich und Wilhelm von Poitiers das normannische Fussvolk die Aufgabe hatte, die Engländer durch Geschosse zu belästigen und zum Aufgeben ihrer dichtgeschlossenen Stellung zu bringen. — Freilich hat Round übersehen, dass Freeman, bez. der Leichtbewaffneten derselben

schossen übt eine unheilvolle Wirkung auf die Engländer aus: „spicula torquentur, multi stantes moriuntur. — Gentes densatae non poterant cadere". —

Stickerei: die normannischen Reiter stürmen auf den Feind los. Zwischen ihnen sind Bogner verteilt. — Leofwine und Gurt sind mit unter den ersten Engländern, welche fallen. —

Flor. Wig. (S. 614): „ab hora tamen diei tertia usque noctis crepusculum suis adversariis restitit fortissime (sc. Haroldus)". —

Einer Erklärung bedarf die Stelle bei Wilhelm von Poitiers: „subveniunt... primi." Diese Worte sind nicht so aufzufassen, als hätte das Fussvolk, soweit es im Zentrum focht, sich durch die Mitte direkt nach hinten, im übrigen nach rechts und links um die Flügel herum zurückgezogen und so den Reitern ermöglicht, zum Angriff vorzugehen[1].

Diese Auffassung würde taktische Körper bei den Normannen voraussetzen. Die Stelle wird vielmehr so zu erklären sein: nachdem die Fusskämpfer ihre Geschosse geschleudert, sich aber zu einem Nahkampfe nicht vorgewagt hatten, rückten durch sie hindurch jetzt die Reiter einzeln vor, um im Zweikampfe den Feind zu bestehen. —

Den Zeitpunkt des Beginns der Schlacht giebt uns ge-

Meinung, nur dem schweren Fussvolk die Aufgabe zuweist, die Pallisaden umzuhauen (III, 467).

[1] Dies ist Freemans Auffassung! Denn er sagt: nachdem die Infanterie mit ihrem Angriffe fertig war, „rank after rank of the best chivalry of France and Normandy pressed on to the unavailing task." (III, 480) — Hätte sich das Fussvolk nicht auf die von uns angegebene Art und Weise zurückgezogen gehabt, so wäre es doch von den nach Freeman geschlossen vorrückenden Reitern umgeritten worden.

4*

nau nur Florenz von Worcester an. Freeman bemerkt mit
Recht hierzu (III, 476, Anm. 2): „I cannot help noticing
the tendency to make the hours of battles and of other
great events coincide with the hours of the Church." —

B. Ungünstige Wendung des Kampfes für die Normannen.

Will. Pict., S. 133: „Angli nimium adjuvantur superioris
loci opportunitate quem sine procursu tenent et maxime
conferti, atque ingenti quoque numerositate sua atque vali-
dissima corpulentia: praeterea pugnae instrumentis, quae
facile per scuta vel alia tegmina viam inveniunt. Fortissime
itaque sustinent vel propellunt ausos in se districtum ensibus
impetum facere. Vulnerant et eos qui eminus in se jacula
coniciunt. Ecce igitur hac saevitia perterriti avertuntur
pedites pariter atque equites Britanni et quotquot auxiliares
erant in sinistro cornu; ceditque cuncta ducis acies." Gleichsam entschuldigend fügt Wilhelm hinzu, die Normannen
hätten den Herzog tot gewähnt.

Das Carmen (V. 421) erzählt gleichfalls, die Normannen
konnten die dichten Scharen der Engländer nicht durch-
brechen. Doch erzählt es nichts von einem Weichen der
normannischen Schlachtreihe.

Während Balderich nichts über diese Episode weiss,
wird bei Eadmer (S. 9) und in den Gesten Adams von
Bremen (Mon. Germ., Script. 7, S. 356) auch die Thatsache, dass die Engländer zuerst im Vorteil waren, erwähnt.

Dass es den Normannen zeitweilig nicht allzu gut ging,
zeigt uns endlich auch die Stickerei in der Scene, wo auf
einem Hügel postierte Engländer die anstürmenden Feinde
ins Thal herabstürzen. (Pl. 71.) —

Zur Kritik dieser Quellenstellen ist zu bemerken:
Wilhelms Aussage, die Engländer wären durch ihre

grosse Uebermacht im Vorteil gewesen, ist tendenziös. (Vgl. S. 9.)

Wilhelms Worte: „praeterea . . . . inveniunt" erklärt Köhler (S. 39): „Die Pfähle Harolds, hinter denen die Engländer wie hinter einem Schutzgitter standen, bewährten sich durchaus." — Wer die Stelle im Zusammenhang liest, wird einsehen, die Worte scuta und tegmina können sich nur auf Waffen der Normannen beziehen.

Die Stelle bei Wilhelm: „cedit . . . acies" ist nicht so aufzufassen, als ob das ganze normannische Heer sich in wilder Flucht aufgelöst hätte. In diesem Falle würde eine Wiederherstellung des Treffens durch Wilhelm, wie sie doch nachher erfolgt ist, nicht möglich gewesen sein. Wir werden uns vielmehr ein mehr oder minder schnelles Zurückziehen der Mehrzahl der Ritter vorzustellen haben.

C) Wiederherstellung des Treffens durch Wilhelm.

Will. Pict., S. 133: „princeps namque prospiciens multam partem adversae stationis prosiluisse et insequi terga suorum, fugientibus occurrit et obstitit, verberans aut minans hasta." Er entblösst das Haupt vom Helme und spricht den Seinen Mut ein. „His dictis receperunt animos. Primus ipse procurrit fulminans ense, stravit adversam gentem: . . . exardentes Normanni et circumvenientes millia aliquot insecuta se, momento deleverunt ea ut ne quidem unus superesset. Ita confirmatis vehementius immanitatem exercitus invaserunt, qui maximum detrimentum passus non videbatur minor. Angli confidenter totis viribus oppugnabant, id maxime laborantes, ne quem aditum volentibus irrumpere aperirent. Ob nimiam densitatem eorum labi vix potuerunt interempti. Patuerunt tamen in eos viae incisae per diversas partes fortissimorum militum ferro. Institerunt eis Cenomanici, Francigenae, Britanni, Aquitani, sed cum praecipua virtute

Normanni." Es folgt die Beschreibung der Heldenthaten des Normannen Tyro und vieler Anderer.

Das Carmen und Balderich erzählen ungefähr dieselben Ereignisse in einem anderen Zusammenhange (vgl. unten S. 56). — Die Stickerei zeigt uns die Scene, wie Wilhelm seinen Helm in die Höhe schiebt, um das Gerücht von seinem Tode zu zerstreuen. Sein Bruder Odo unterstützt ihn darin, die ins Wanken gekommene Schlachtreihe wiederherzustellen. —

Dass ein Teil der englischen Truppen seinen Posten verliess und den weichenden Normannen nachfolgte, geschah nach Freeman (III, 480) im direkten Widerspruche zu Harolds Befehlen. Diese gingen dahin (III, 468), einfach fest zu stehen und sich auf die reine Defensive zu beschränken. — Diese Nachricht, für welche Freeman sich nur auf Wace berufen kann, ist in sich unglaubwürdig! Harold hätte also seinen Kriegern gebieten sollen: wendet sich der Feind zur Flucht, so verfolgt ihn nicht, um ihn in noch grössere Verwirrung zu bringen — nein, bleibt ruhig hier oben stehen und wartet ab, ob er wieder frischen Mut bekommt und von neuem angreift.

Die Stelle, wo Wilhelm von den „einigen Tausend" gefallenen Engländern erzählt, muss natürlich ihrer Uebertreibung entkleidet werden.

Die Worte patuerunt tamen u. s. w. bedeuten nach Freeman (III, 486): „the barricade was now in some places broken down". Hätte Wilhelm schon vorher von einer Barrikade gesprochen, so wäre diese Deutung seiner Worte zulässig. Doch da dies (vgl. S. 43) nicht der Fall ist, so müssen sie dahin ausgelegt werden, dass die Massen der englischen Krieger sich gelichtet hatten. — Die Scene in der Stickerei mit der Ueberschrift: Odo confortat pueros (Pl. 72) deutet Köhler (S. 41): Der Bischof bemühte sich,

mutlos gewordene Trossknechte wieder zur Vernunft zu
bringen. — Odo hatte doch sicherlich in der Schlacht selbst
etwas besseres zu thun! Die Stickerei zeigt zudem ausdrücklich, dass sie unter pueri nichts anderes als „junge
Krieger" versteht.

D. Die verstellte Flucht der Normannen.

Will. Pict. S. 135: „Animadvertentes Normanni sociaque
turba non absque nimio sui incommodo hostem tantum simul
resistentem superari posse, terga dederunt fugam ex in-
dustria simulantes. Meminerunt quam optatae rei paulo
ante fuga dederit occasionem. Barbaris cum spe victoriae
ingens laetitia exorta est. Sese cohortantes exultante
clamore nostros maledictis increpabant, et minabantur,
cunctos illico ruituros esse. Ausa sunt, ut superius, aliquot
millia quasi volante cursu, quos fugere putabant, urgere.
Normanni repente regiratis equis interceptos et inclusos
undique mactaverunt, nullum relinquentes. Bis eo dolo
simili eventu usi reliquos maiori cum alacritate aggressi
sunt aciem adhuc horrendam et quam difficillimum erat
circumvenire".

Das Carmen fasst die unter C und D gegebene Erzählung des Wilhelm von Poitiers folgendermassen zusammen (V. 429):

Als die Normannen sehen, sie richten mit ihrem Angriffe nichts aus, stellen sie eine Scheinflucht an. Es heisst
weiter: „rustica laetatur gens et superasse putabat: — Post
tergum nudis insequitur gladiis. — Amotis sanis labuntur
dilacerati, — Silvaque spissa prius rarior efficitur. — Conspicit ut campum cornu tenuare sinistrum, — Intrandi
dextrum quod via larga patet. — Perdere dispersos variatis
cladibus hostes — Laxatis frenis certat utrumque prius. —

Quique fugam simulant instantibus ora retorquant — Constrictos cogunt vertere dorsa neci." Grosses Blutbad unter den Engländern. „Plurima quae superest pars bello acrior instat. — Et sibi sublatos pro nihilo reputat. — Anglorum populus, numero superante repellit — Hostes inque retro compulat ora dari — Et fuga ficta prius fit tunc virtute coacta." Da eilt Wilhelm den Seinen entgegen, entblösst sein Haupt und hält eine scheltende Rede. Dann stürmt der Herzog gegen den Feind vor, die Seinen machen voll Scham Kehrt und treiben jetzt ihrerseits die Engländer vor sich her.

Balderich hat im wesentlichen dieselbe Auffassung wie das Carmen.

In der Stickerei sehen wir nichts von einem auf Anordnung Wilhelms erfolgenden Rückzug.

Von den späteren Quellen erzählt die Brevis relatio (S. 7/8) und die Battle-Chronik (S. 4) die scheinbare Flucht als ein kombiniertes Manöver: die verfolgenden Engländer werden von den Normannen zugleich von vorn und im Rücken angegriffen[1]. — Wilhelm von Malmesbury (II, 242) berichtet, die verfolgenden Engländer hätten, als die Normannen plötzlich Kehrt machten, einen Hügel besetzt, die anstürmenden Feinde ins Thal herabgeworfen. „Item fossatum quoddam praeruptum", so fährt er fort, „compendiario et noto sibi transitu evadentes tot ibi inimicorum conculcavere ..." Heinrich von Huntingdon endlich weiss (S. 763) von einem listig zugedeckten Graben zu erzählen,

---

[1] Round (Quart. Rev. 175, 20; July 92) legt im Anschluss an die Battlechronik besonders Gewicht darauf, dass die verstellte Flucht nicht eine einfache, sondern eine kombinierte Bewegung war. — Für ein Heer von Einzelkämpfern ist es jedoch ganz unmöglich, ein solches „combined movement" auszuführen!

in welchen die Normannen bei ihrer verstellten Flucht hineinstürzen.

Diese Quellenstellen haben mannigfache Auslegungen erfahren.

Freeman sagt (III, 488): „William ventured on a daring strategem. If his army, or a portion of it, pretended flight, the English would be tempted to pursue." Soweit folgt Freeman dem Wilhelm von Poitiers. Doch er fährt fort: „the pretended fugitives would turn upon their pursuers and meanwhile another division might reach the summit through the gap which would thus be left open." Für diese Worte lässt sich kein Beleg in den Quellen finden. — Es geht weiter: „he gave his orders accordingly, and they were faithfully and skilfully obeyed. A portion of the army, most likely the left wing which had so lately fled in earnest, now again turned in seeming flight. Undismayed by the fate of their comrades who had before broken their lines, the English on the right wing, mainly, as we have seen, the irregular levies, rushed down and pursued them with shouts of delight." — Dass gerade der linke Flügel der Normannen, wie Freeman hier ausführt, die Schein-flucht anstellte, der rechte englische Flügel sich an die Ver-folgung machte, ist nirgends in den Quellen überliefert[1] und zudem äusserst unwahrscheinlich: der linke nor-mannische Flügel, der eben noch im Ernste geflohen war, sollte jetzt schon wieder den Zusammenhalt besitzen, eine verstellte Flucht auszuführen? — Freeman erzählt weiter: „but the men of Britanny, Poitu and Maine had now better learnt their lessons. They turned on the pursuing English; the parts of the combatants were at once reversed and the pursuers now themselves fled in earnest." Dies ist wieder nach Wilhelm von Poitiers. — Doch dann geht es weiter:

---

[1] Die Belegstellen bei Freeman (III, 488, Anm.) sind rein willkürlich gedeutet.

„yet, undisciplined and foolhardy as their conduct had been, they must have had some wary leaders among them, for they found the means to take a special revenge for the fraud which had been played off upon them. The importance of the small outlying hill now came into full play. Either its defenders had never left it, or a party of the fugitives contrived to rally and occupy it. At all events it was held and gallantly defended by a body of light-armed English. With a shower of darts and stones they overwhelmed a body of French who attacked them; not a man of the party was left". — Für diese Episode beruft sich Freeman erstens auf die Worte Wilhelms von Malmesbury (vgl. oben S. 56): nam occupato tumulo u. s. w., zweitens auf die oben (S. 52) erwähnte Scene in der Stickerei, wo auf einem Hügel stehende, leichtbewaffnete Engländer anstürmende Feinde mit Erfolg zurückweisen.

Dass nun aber beide Quellen mit dem Hügel gerade den „small outlying hill", wie Freeman will, gemeint haben —, dafür ist in ihnen nicht der geringste Anhalt zu finden. — Weiter berichtet Freeman von dem rechten Flügel Harolds (III, 490): „another party of the Englishmen without doubt from the levies of the neighbourhood had the skill to use their knowledge of the country to the best advantage. They made their way to the difficult ground to the west of the hill, to the steep and thickly-wooded banks of the small ravine. Here the light-armed English turned and made a stand; the French horsemen, recklessly following, came tumbling head over heels into the chasm, where they were slaughtered in such numbers that the ground is said to have been made level by their corpses". — Freeman stützt sich für diese letzte Episode auf die oben angeführte Stelle aus Wilhelm von Malmesbury, ferner auf die Scene in der Stickerei mit der Ueberschrift: hic ceciderunt simul Angli et Franci in proelio (Pl. 70). Indessen ist einleuchtend, dass weder bei Wilhelm noch in der Stickerei sich der geringste Anhalt dafür findet, ihre Schilderung, wie es Freeman thut. auf „the difficult ground to the west of the hill" zu beziehen.

Köhler folgt in der Darstellung der Scheinflucht sowie der unter B und C behandelten Ereignisse in den Hauptzügen dem Carmen. Er erzählt (S. 39): „als der Herzog sieht, er kann nichts ausrichten, beschliesst er einen Rückzug, um die Feinde aus ihrer Stellung hervorzulocken. Auf dem rechten Flügel und im Zentrum geht der Rückzug mit der nötigen Vorsicht von statten, doch auf dem linken Flügel verfehlt man den Uebergang über den Graben: viele Normannen werden von den verfolgenden Engländern in diesen hineingestürzt". — Ein Graben existierte, wie oben gezeigt (S. 44), garnicht in dem Thale. Die Nachricht von dem Missgeschick des linken Flügels beruht lediglich auf Heinrich von Huntingdon und Wace, welche beide für uns nicht massgebend sein können. — Die Frage, ob der Herzog klug gehandelt hätte, einen Rückzug anzuordnen, bei dem, wie er doch wissen musste, die Seinen einen gefährlichen Graben zu passieren hatten, wollen wir erst garnicht erörtern!

Nachdem dann Köhler die schon oben (S. 54) berührte Episode von Odo und den Knechten vorgetragen hat, fährt er fort: „Wilhelm sandte einen Haufen von etwa 1000 Pferden von seiner Abteilung zur Aufnahme seines linken Flügels zurück und erteilte dem rechten Flügel unter Montgomery den Befehl, nach Ueberschreitung des Grabens links abzumarschieren und in Gemeinschaft mit Odo den verfolgenden rechten englischen Flügel umfassend anzugreifen und zu vernichten".

Man kann sich eines leichten Schwindelgefühls nicht erwehren, wenn man von all diesen kunstvollen Manövern hört, welche die Normannen in einem engen, unebenen, von einem Graben durchzogenen Thale ausgeführt haben sollen. — Zum Glück wissen auch unsere zeitgenössischen Quellen nichts von den Manövern. Köhler kann sich für sie nur auf Wace berufen. Speziell die Aussendung der 1000 Reiter wird lediglich durch die Brevis relatio — und zwar in einem ganz anderen Zusammenhang wie bei Köhler - erwähnt.

Zuletzt erzählt Köhler (S. 43): „Harold sah den Ruin des gegen seinen ausdrücklichen Befehl vordringenden rechten Flügels voraus und erkannte, dass der Feind dann den westlichen Teil des Senlacer Hügels gewinnen werde. Da sein linker Flügel keinen Feind mehr vor sich hatte, befahl er demselben, den rechten Flügel der Stellung zu besetzen."

Dies ist Köhlers Interpretation der Verse 429—32 des Carmen (vgl. oben S. 55: conspicit-prius). Es sei vorausgeschickt, der Sinn dieser Verse ist ausserordentlich dunkel; dass sie aber so ausgelegt werden können, wie Köhler es will, ist ausgeschlossen. Das Subjekt zu conspicit ist nicht Harold, sondern rustica gens. Die Verse würden also ungefähr so zu übersetzen sein: „sobald es (d. h. das bäurische Volk) erblickt, dass der linke Flügel (sc. der Normannen) allmählich das Feld räumt, da beginnt es im Wetteifer, weil ja eine breite Strasse offen steht, in den rechten Flügel (sc. der Normannen) hineinzukommen, die durch die mannigfachen Niederlagen zerstreuten Feinde zügellos zu verderben."

Doch das lässt sich nicht leugnen, bezüglich des Hauptmoments ihrer Darstellung, nämlich der Scheinflucht der Normannen, können sich Freeman wie Köhler auf das Zeugnis eines Wilhelm von Poitiers berufen, das zudem durch die übrigen Quellen eine ausdrückliche Bestätigung erfährt.

Doch dieses Zeugnis ist für uns unannehmbar und zwar aus folgenden Gründen: Normannen wie Engländer waren Einzelkämpfer, waren als solche nicht fähig dazu, Manöver in der Schlacht auszuführen, am wenigsten Manöver, welche, wie eine Scheinflucht, wegen ihrer unendlichen

Schwierigkeit dem bestgeschulten, modernen Kriegsheere
schwer fallen würden. — Folglich kann also nicht die im
heissesten Kampf befindliche normannische Schlachtreihe
auf den ganz unerwartet kommenden Befehl Wilhelms[1]
einen verstellten Rückzug angetreten haben, ganz besonders
nicht unter den erschwerenden Umständen, dass sie in einem
engen Thale zu operieren hatten, und hauptsächlich der
linke Flügel durch einen gezwungenen Rückzug schon einiger-
massen demoralisiert sein musste.

Es würde sich die Frage erheben, wie kommt es, dass
Wilhelm von Poitiers und die übrigen Quellen übereinstimmend von einer solchen Scheinflucht berichten? Vermutungsweise liesse sich vielleicht folgende Erklärung auf-
stellen: einzelne normannische Ritter, die mit ihren Pferden
auf dem Abhange des Senlacer Hügels kein geeignetes
Kampfterrain fanden, gebrauchten eine alte List ihres Volkes
und zogen sich zurück. Ihre Gegner folgten ihnen den
Hügel herunter. Sobald der Normanne wie sein Feind im
Thale angelangt war, machte jener plötzlich Kehrt und fing
von neuem, nun auf einem für ihn geeigneteren Terrain,
den Kampf an. — Wilhelm von Poitiers hatte sich dies
vielleicht von einigen Mitkämpfern erzählen lassen und ohne
weiteres, was nur für Einzelne galt, auf die ganze Schlachtreihe ausgedehnt. So mag er dazu gekommen sein, von
einer dreimaligen verstellten Flucht der Normannen zu
sprechen. — Schon einmal hatten Wilhelms normannische
Ritter eine verstellte Flucht angestellt, und zwar bei St.
Aubin, im Kampfe gegen den König von Frankreich (vgl.
Freeman, III, 132); doch auch hier handelt es sich nicht

---

[1] Vgl. Freeman III, 505: the feigned flight seems not to
have been a deliberate scheme planned from the beginning, but
to have been suggested to Williams ready wit by the needs of
the Moment.

um die Scheinflucht eines ganzen Heeres, sondern eine kleine
Schar von Rittern bewerkstelligt nach vorheriger Abrede,
ohne sich erst mit dem Feind in ein Gefecht eingelassen
zu haben, einen verstellten Rückzug.[1]

E) Ungünstige Wendung der Schlacht für die Engländer.

Will. Pict., S. 135/6: „fit deinde insoliti generis pugna,
quam altera pars incursibus et diversis motibus agit, altera,
velut humo affixa, tolerat. Languent Angli, et quasi reatum
ipso defectu confitentes vindictam patiuntur. Sagittant,
feriunt, perfodiunt Normanni: mortui plus, dum cadunt,
quam vivi, moveri videntur. Leviter sauciatos non permittit
evadere, sed comprimendo necat, sociorum densitas". Die
Heldenthaten einzelner Grossen, besonders Wilhelms, werden
sodann überschwänglich gepriesen. — Beim Anbruch der
Dämmerung sehen die Engländer ein, sie können sich gegen
die Normannen nicht länger halten, zumal da der König,
seine Brüder und manche andere Grossen gefallen sind. Sie
selbst sind zu Tode erschöpft, die Normannen scheinen dagegen mit immer grösserer Wucht anzugreifen.

Das Carmen giebt an dieser Stelle (V. 491) eine weitschweifige, poetisch ausgeschmückte Erzählung der Thaten
Wilhelms[2], berichtet von einer allmählichen Vernichtung

---

[1] In Reginos Chronik (Mon. Germ. I, 510) wird gleichfalls
von einer verstellten Flucht erzählt, welche Krieger aus der
Bretagne im Jahre 860 Karl dem Kahlen gegenüber ausführten.
Doch auch diese Stelle könnte Freeman nicht zur Stütze dienen,
da es sich hier um einzelne leichte Reiter handelt, die ihre
Gegner damit necken, dass sie an sie heranreiten, sie beschiessen
und sich dann plötzlich aus dem Staub machen, sobald man
auf sie losgeht. —

[2] U. a. wird von einer angeblichen Begegnung Wilhelms
mit Gurt erzählt. Freeman hat sie acceptiert (III, 484), weist

der Engländer. Harold wird von vier normannischen Rittern,
die sich zu diesem Zwecke verbunden haben, erschlagen.
Nach seinem Tode verbreitet sich grosse Bestürzung im
englischen Heer.

Balderich (V. 459) hat abgesehen davon, dass er erwähnt, Harold sei durch einen Pfeil getötet worden, nichts
eigentümliches.

Die Stickerei (Pl. 75 ff.) stellt uns anschaulich den
letzten Verzweiflungskampf der Engländer dar. Die Normannen ziehen den gefallenen Feinden die Rüstungen ab.
Harold wird von einem Normannen erschlagen. Eine Schar
Schwerbewaffneter kämpft nach seinem Tode tapfer weiter.

Ueber den Zeitpunkt der Schlacht, an welchem Harold
und seine Brüder fielen, erfahren wir bei Wilhelm von Poitiers
nichts genaues. Nach dem übereinstimmenden Zeugnis des
Carmen (V. 534), Balderichs (V. 463) und der Stickerei
(Pl. 76/7) fiel Harold gegen Ende der Schlacht. Die Angabe Wilhelm von Jumieges' (S. 287), Harold wäre schon
zu Beginn des Kampfes gefallen, kann dem gegenüber nicht
ins Gewicht fallen.

Den Tod von Harolds Brüdern Leofwine und Gurt ver-
legt die Stickerei an den Anfang des Kampfes.

Bez. der Todesart Harolds weichen die Quellen, wie
man sieht, von einander ab.

Am wenigsten glaubwürdig scheint die sehr ans Epische
heranstreifende Erzählung des Carmen zu sein.

Freeman, der Harold durch einen Pfeil getötet werden
lässt (III, 771), scheint sich hierbei, da ihm ja Balderich
unbekannt war, auf die Stickerei zu stützen. Doch ist der
Engländer, der nach ihrer Darstellung von einem Pfeile
getötet wird (Pl. 76/7), nicht mit Harold identisch.

---

ihr aber eine Stelle vor der Scheinflucht an, trotzdem sie im
Carmen erst nach dieser erzählt wird. —

An dieser Stelle berichtet Freeman, dem sich dann auch Köhler angeschlossen hat (S. 48 ff.), von folgenden Manövern der Normanen (III, 490): „while French and English were scattered over the lower ground . . . the main body of the Normans made their way on to the height, no doubt by the gentle slope at the point west of the present buildings. The great advantage of the ground was now lost: the Normans were at last on the hill. Instead of having to cut their way up the slope and through the palisades, they could now charge to the east, right against the defenders of the standard."

Für diese ganze Episode kann sich Freeman ausschliesslich auf die Stelle im Carmen berufen, welche beginnt: Conspicit u. s. w. Wie diese Verse zu deuten sind, ist oben auseinandergesetzt worden (S. 60).

Für all die von Freeman geschilderten Heldenthaten Einzelner (III, 492—5) ist in der Hauptsache Wace der einzige Gewährsmann.

Endlich hat Freeman (III, 496) aus Heinrich von Huntingdon (S. 763) die Nachricht übernommen, Wilhelm habe am Ende der Schlacht seinen Bognern folgenden Befehl gegeben: „ut non in hostem directe, sed in aera sursum sagittas emitterent, cuneum hostilem sagittis caccarent."

Doch diese Nachricht muss zurückgewiesen werden; denn erstlich wissen die zeitgenössischen Quellen nichts von ihr, zweitens hat sie zur Voraussetzung, dass die Bogner einen einheitlichen taktischen Körper bildeten, der bereit war, jedes Kommando des Herzogs sofort auszuführen.

F. Flucht der Engländer: Verfolgung durch die Normannen.

Will. Pict S. 137: „in fugam itaque conversi quantocius abierunt, alii raptis equis, nonnulli pedites, pars per vias, plerique per avia. Jacuerunt in sanguine qui niterentur aut surgerent non valentes profugere. Valentes fecit aliquos salutem valde cupiens animus. Multi in silvestribus abditis remanserunt cadavera, plures obfuerunt sequentibus per itinera collapsi. Normanni, licet ignari regionis, avide insequebantur, caedentes rea terga, imponentes manum ultimam secundo negotio. A mortuis etiam equorum ungulae supplicia sumpsere, dum cursus fieret super iacentes. Rediit tamen fugientibus confidentia, nactis ad renovandum certamen maximam opportunitatem praerupti vallis et frequentium fossarum." Die Engländer waren von Alters her zu solchen Thaten geneigt. Trotzdem lässt sich Wilhelm durch Graf Eustach nicht abhalten, den Feinden immer weiter nachzusetzen. Einige edle Normannen, die das Terrain ja nicht kennen, fallen.

Das Carmen (V. 551) erzählt nur ganz allgemein von der Flucht der Engländer unter dem Schutze der Nacht und ihrer Verfolgung durch die Normannen.

Balderich (V. 467) erwähnt, viele Engländer seien im Gedränge der Flucht erstickt worden, enthält aber sonst auch nichts eigentümliches.

Die Stickerei zeigt in ihrem letzten Bilde, wie leichtbewaffnete Engländer, von denen sich einige auf Pferde geworfen haben, vor normannischen Reitern und Bogenschützen fliehen.

Von den Späteren erzählt Wilhelm von Jumieges (S. 287), 15000 Normannen stürzten bei der Verfolgung in einen von Gras überwachsenen Graben, der laut dem Chronicon monasterii (S. 4) seitdem den Namen Malfosse führt.

Abgesehen davon, dass Wilhelm von Jumieges' Angabe über die Zahl der gefallenen Normannen natürlich übertrieben ist, wird über alle die letztaufgeführten Quellenstellen nichts weiter zu bemerken sein.

IX.
Schlusswort.

Als Ergebnis der vorhergegangenen Untersuchungen ergiebt sich, die Schlacht von Hastings wird in ihren Hauptmomenten in folgender Weise darzustellen sein:

Wilhelm eröffnet am Morgen des 14. Oktobers die Schlacht damit, dass er sein Fussvolk, hauptsächlich Bogner und Schleuderer, zuerst gegen die feindliche Stellung vorgehen lässt. Diese sollen von ferne die Engländer mit einem Hagel von Geschossen überschütten, so ihre dichten Reihen in Verwirrung setzen und vielleicht zum Verlassen ihrer vorteilhaften Stellung auf dem Hügel bringen.

Harolds Krieger bezahlen den Normannen mit gleicher Münze, senden Pfeile, Lanzen, Steine auf sie herab. — Allmählich rücken die einzelnen normannischen Ritter nach, durch die zerstreut vor ihnen fechtenden Fusskämpfer hindurch, dicht an den Feind heran. — Zwischen ihnen und den Engländern entspinnt sich jetzt ein heftiger Kampf. Die Ritter fechten mit den feindlichen Schwerbewaffneten im Zweikampfe; daneben gehen Scharmützel zwischen den beiderseitigen Leichtbewaffneten. — Doch die Engländer bleiben im Vorteil, haben sie doch den Vorzug, höher zu stehen als ihre Feinde. Nur schlecht können Wilhelms Reiter auf dem Abhange ihre Rosse bewegen, manche von ihnen stürzen ab. Die normannische Schlachtreihe gerät allmählich ins Weichen, vornehmlich auf dem linken Flügel. Ein oder der andere Ritter wendet schon unmutig sein

Ross: war doch mit Harolds Mannen oben auf dem Hügel
kein ehrlicher Zweikampf auszufechten! — Auch die zu
Fusse kämpfenden Soldaten Wilhelms werden von der über-
hand nehmenden Kampfesunlust ergriffen. Zudem verbreitet
sich das Gerücht, der Herzog sei gefallen.

Die Engländer folgen, soweit sie leichtbewaffnet und
somit schnell beweglich sind, dem weichenden Feind, um
ihn durch ihr Nachdrängen in noch grössere Verwirrung
zu setzen. — Bis dahin hatte Wilhelm wahrscheinlich noch
nicht persönlich in den Kampf eingegriffen, sondern noch
hinter der Schlachtreihe gehalten. Doch jetzt sprengt er
heran. Er schiebt seinen Helm zurück, giebt sich den
Seinen zu erkennen, ruft ihnen zu, nicht den Mut zu ver-
lieren. Er selbst stürmt gegen den Feind vor. Durch
sein Beispiel angefeuert kehren alle die, welche schon von
weiterem Kampfe abstehen wollten, mit frischem Mute zum
Angriff zurück. —

Die zweite Episode aus dem Kampfe, welche wir als
verbürgt ansehen können, ist die Scheinflucht einzelner
normannischer Ritter. — Ob sie der eben bereits geschilderten
Episode von dem Weichen der Normannen zeitlich voran-
geht oder nachfolgt, ist nicht sicher auszumachen. — Ein
oder der andere Ritter, dem das Kämpfen auf dem Abhange zu sauer wurde, machte plötzlich Kehrt und sprengte
den Hügel herab. Sein Gegner folgte ihm. Doch kaum
war dieser unten im Thale angelangt, da warf der Normanne sein Ross herum, um den Kampf jetzt auf einem
für ihn besseren Terrain neu zu beginnen. —

Lange Stunden wurde auf beiden Seiten mit der grössten
Erbitterung und Tapferkeit gestritten. Rühmlich zeichneten
sich die beiderseitigen Führer im Kampfe aus. Immer
wieder und wieder stürmten die Normannen zum Angriff
vor. Als die Dämmerung hereinbrach, konnten Harolds
Scharen nicht länger standhalten. Harolds Brüder, dann
der König selbst waren gefallen. Die grosse Masse des

englischen Heeres warf sich in die Flucht. Die Schwerbewaffneten dagegen weichen nicht von der Stelle: sie
werden bis auf den letzten Mann niedergehauen. — Wilhelm
nutzte seinen Sieg aus. Mit einer Schar von Rittern setzte
er den Flüchtigen nach. Nur eine enge Rückzugslinie, über
den Isthmus hin, bot sich diesen dar: natürlich entstand
ein entsetzliches Gedränge, viele Engländer gingen in ihm
zu Grunde. Doch auch manche der Normannen stürzten
bei der Dunkelheit in die Schluchten jenseits des Senlacer
Hügels und wurden von den mit dem Terrain genau vertrauten Engländern niedergemacht. Doch den Hauptzweck
seiner Verfolgung hatte Wilhelm sicherlich erreicht: die
letzten Reste der Engländer waren auseinandergesprengt:
die Gefahr, sie könnten sich noch einmal wieder sammeln,
war beseitigt.

Spät in der Nacht kehrte Wilhelm auf das Schlachtfeld zurück. Es war von Toten wie übersät. Für die Be-
stattung der Seinen sorgte Wilhelm selbst. Die Leichname
der Engländer liess man liegen. Kamen Angehörige der
Gefallenen herbei, so gestattet ihnen der Herzog, ihre Toten
zu beerdigen, obwohl diese nach Ansicht Wilhelms von
Poitiers verdient hätten, von den Geiern gefressen zu
werden. Harolds Leiche wurde an der englischen Küste
eingescharrt. —

Wilhelm verdankte den Sieg nicht seiner Feldherrn-
kunst oder seiner strategischen Ueberlegenheit Harold gegenüber. Er schlug den Feind, weil seine Mannen, besonders die
Ritter, an Krieg gewöhnt waren und so dem friedseligen,
an lange Fremdherrschaft gewöhnten englischen Landauf-
gebot weit an moralischem Mut, an kriegerischer Gewand-
heit und Ausdauer überlegen sein mussten. — Als einen
speziellen Grund könnten wir hinzufügen, die Offensive hat
sich stets im Kriege als die stärkere Kampfesart erwiesen;
so mussten die angreifenden Normannen im Vorteil sein

gegenüber den Engländern, die sich auf die Defensive be-
schränkten. —

Die weltgeschichtlichen Folgen der Schlacht von Hastings
sind bekannt. Wilhelm wurde durch sie mit einem Schlage
zum Herrn über England. Unter seiner Herrschaft, durch
das Einströmen frischer normannischer Kräfte bereitete sich
die neue Wendung vor, welche die Geschichte Englands
nehmen sollte: die angelsächsischen Bewohner der Insel
wurden herausgerissen aus ihrer friedseligen, engbeschränkten
Abgeschlossenheit. Die Normannen eröffneten, erst als ihre
Herren, dann als ihre Mitbürger, dem Genius des Volkes,
das bei Hastings unterlegen war, neue, weite Bahnen!

www.ingramcontent.com/pod-product-compliance
Lightning Source LLC
Chambersburg PA
CBHW030026030726
47499CB00008B/3141